就業不能リスクと
GLTD 団体長期障害所得補償保険

労働力不足時代の福利厚生プラン

田伏 秀輝
㈱ファーストプレイス

森田 直子
保険ジャーナリスト

共著

保険毎日新聞社

はじめに

　医療技術の進歩により、日本は世界屈指の長寿国となった。しかし病気は治せても、治療期間や療養期間に病気前と同様に働くことが難しくなるリスクは、むしろ高まったと言える。しかしそれを保障する「就業不能」という分野の保険は、これまで今一つ浸透しない時代が長く続いてきた。これを何とか打破できないものかと長年思い続けてきた。

　そのような中、2016 年から 2017 年にかけて、就業不能保険商品が生保各社から次々と発売され、この年はまさに就業不能保険ラッシュに沸いた。

　これにより、働けなくなった時のリスクを広く社会に認識してもらう機会となり、筆者にとっては待ちに待った時代が来たと感じるものがある。

　特に昨年（2017 年）発売されたアフラックの「給与サポート保険」のようなインパクトのある CM により、市場における就業不能保険の認知度も一気に高まった。同社 CM が果たした役割は保険業界にとっても、社会全体にとっても大きかった。

　そして現在、各保険会社から多種多様な「就業不能を保障する」という謳い文句の商品が新発売される状態に至っている。

　しかしその内容をみると、各社商品の仕組みや給付条件があまりにも違いすぎており、その違いや詳細について深く調べれば調べるほど混乱するような心境になり、これらを一律で語るのは正直なところ、かなり困難である。

　就業不能保険の認知度が広まってからまだ月日が浅いこともあり、今後交通整理は必要と思われる。しかし、今現在のこの状況を少しでも打破するために、就業不能保険全体を理解できるような専門書が必要であると強く感じてきたところに、この書籍を執筆する機会を得た。

　新たな分野の商品でもあるため、業界の基準のようなものがなく、筆者による独自基準の解説や分類も多く含まれるが、まずは現状の商品の構造の違いや給付条件の違いなどについて少しでも知っていただけたらと思い、この

本を書くに至った。

　一方で、就業不能を補償する保険は、実は「所得補償保険」として損保分野では古くから存在しており、損保商品を長く取り扱っている方々にとってはおなじみの商品でもある。ただし個人向け商品の場合、給付期間を2年または1年とした、短期間の補償が中心である。しかし、中には長期間の補償をする商品も以前から存在していて、これが現在の就業不能保険と酷似している。つまり、就業不能リスクに備える保険商品の日本における取扱いの歴史は意外と古い。

　また損保分野では、これもおなじみである「GLTD（団体長期障害所得補償保険）」については、企業や組合員など団体向けの福利厚生商品として、各損害保険会社から発売されている。こちらは以前から長期補償を可能としており、またその企業や団体に合った内容にカスタマイズも可能となっているなど、メリットも多い。

　しかしGLTDの現状も、各損害保険会社や保険代理店によって認識度が大きく異なり、その取扱いにはかなり温度差があることも課題である。

　本書では、これらの現状に合わせて、前半では生命保険分野の就業不能保険について歴史や分類、課題などを述べ、後半でGLTDについての説明や具体的な導入事例などを紹介していきたい。

　また、働けなくなる理由にはさまざまなものがあるが、その中でも「精神疾患」による就業不能リスクは、今、まさに社会問題と言っていい状況にある。メンタルにかかわるリスクは他人事ではない、という認識が社会全体にも浸透しつつある。

　こうした背景の中、厚生労働省は2015年12月から、従業員50人以上の全事業場に対して「ストレスチェック実施」を義務付けていることは皆様もご存じかと思う。今や各企業にとっては、ストレスチェックの実施はもちろん、総合的なメンタルヘルス対策を図り従業員が安心して働ける職場を整える環境づくりが急務となっている。特に人材不足が叫ばれている今、こうした職場環境や各企業の取組姿勢の有無が、人材採用にも大きく影響する時代

である。本書ではメンタルリスクの現状等について第五章で紹介する。

　もちろん、働けなくなるリスクは精神疾患だけでなく一般の傷病でも起こる。実際に就業不能保険金を受け取っている人の中で、精神疾患以外での受取りについては、実に6割の人が「がん」によるもの、とのデータもある（ライフネット生命2017年3月給付実績データより）。

　医療技術が進歩すればするほど、重い病気やケガの時でも命が助かるようになった半面、一定期間は治療に専念する必要が生じて、その間働けなくなり、収入減となる可能性は、死亡してしまうリスクよりもずっと高い。

　働けなくなった時のリスクを一般の人たちが考える時代となった今、我々保険業界においても、この分野について見識を深めることは社会性の高いテーマとして非常に重要である。

　本書を、保険商品を取り扱う多くの人に参考にしていただき、就業不能リスクに備える保険という社会性の高い商品を積極的に取り扱い、広く社会に広める役目を担ってほしいと心から願っている。本書を書くことにした大きな理由の1つである。

　また本書を執筆するにあたり、多くの保険会社様より、資料やデータの提供など積極的にご協力をいただいており、そのお陰で参考になるデータや事例などを本書内で多数紹介することができた。各社のご尽力により本書を完成できたことに心からの感謝を申し上げたいと思う。

2018年2月

田伏　秀輝

森田　直子

目　次

はじめに

第一章　就業不能保険のあゆみ　　1

1. 損保分野の所得補償保険の概要 …………………… 2
2. LTD・GLTD のルーツと日本における普及の現状
   ……………………………………………………… 3
3. 日本における就業不能保険（長期障害所得補償保険）
   のあゆみ ……………………………………………… 4
   ❶　日立キャピタル損害保険「(現) リビングエール」
       （1999 年）／ 5
   ❷　大手生命保険会社の就業不能保障特約／ 6
       ①　明治安田生命「生活費ロングサポート（生活サポー
           ト終身年金特約）」（2004 年 1 月）・ 6
       ②　第一生命保険「インカムサポート（特定状態収入保
           障特約）」（2004 年 4 月）・ 6
   ❸　ライフネット生命「働く人への保険」（2010 年 2 月）
       ／ 7
   ❹　富国生命「就業不能特約（はたらくささえ）」（2011
       年 5 月）／ 10
   ❺　チューリッヒ生命「収入保障保険プレミアム」（2014
       年 6 月）／ 10
   ❻　ソニー生命「生活保障特則 14」（2014 年 10 月）
       ／ 11
   ❼　プルデンシャル生命「就労不能障害保険」（2015 年
       8 月）／ 12
   ❽　住友生命「未来デザイン 1UP（生活障害収入保障特

約)」(2015年9月)／13
⑨ 太陽生命「働けなくなったときの保険」(2016年2月10日)／13
⑩ アフラック「給与サポート保険」(2016年7月)／14
⑪ チューリッヒ生命「くらすプラス」(2016年9月)／15
⑫ 東京海上日動あんしん生命「家計保障定期保険NEO就業不能保障プラン」(2016年11月)／16
⑬ 三井住友あいおい生命「&LIFE 新総合収入保障Ⅲ型」(2017年4月)／17
⑭ 日本生命「もしものときの…生活費」(2017年10月)／19
⑮ その他の個人向け商品の概要／20
　① メットライフ生命「収入保障保険マイディアレスト三大疾病保障付コースⅡ型」・20
　② ネオファースト生命「ネオdeしゅうほ」に付帯する「特定疾病収入保障特則」・20
　③ アクサ生命「生活障害保障型逓減定期保険特約」・21
　④ 朝日生命「収入サポート」・21
⑯ 経営者向け商品の概要／21
　① 大同生命「就業障がい保障保険Tタイプ」・21
　② アクサ生命「ビッグステージ(生活障害保障型定期保険)」・21
⑰ 補　足／22

第二章　就業不能保険の給付条件における課題　23

1　就業不能保険の定義とは　……………………………　24
2　給付条件による課題　……………………………………　25

- ❶ 給付条件「医師の診断による就業不能」の課題／25
- ❷ 給付条件「公的制度の等級」の課題／26
- ③ 公的制度との関係 …………………………………… 28
  - ❶ 判定基準の曖昧さ／28
  - ❷ 申請手続の難しさ／28
- ④ 保険商品として抱える課題 ………………………… 30
  - ❶ 給付期間の問題／30
  - ❷ 就業不能保険単体と死亡保険（収入保障保険）のセット商品における課題／30
  - ❸ 特定の疾病による就業不能を保障する保険の課題／31
  - ❹ 「就業不能」という言葉を保険商品で多用することの課題／32

第三章　就業不能保険の給付条件と関連する公的制度の申請と概要　33

- ① 社会保険と関連する就業不能保険のパターン … 34
  - ❶ 傷病手当金を基準として保障を決める商品／34
  - ❷ 身体障害者手帳の障害者等級と要介護認定／35
  - ❸ 公的年金制度の障害等級と要介護認定／35
  - ❹ 特定の疾病を条件としている商品／36
- ② 傷病手当金 ……………………………………………… 37
  - ❶ 傷病手当金とは／38
  - ❷ 給付条件／38
    - ① 業務外の事由による病気やケガの療養のための休業であること・38
    - ② 仕事に就くことができないこと・38
    - ③ 連続する3日間を含み4日以上仕事に就けなかったこと・38
    - ④ 休業した期間について給与の支払いがないこと・38

目　次

　　❸　支給される期間／39
　　❹　給付金額／39
3　身体障害者手帳の障害者等級 ………………………… 41
　　❶　身体障害者手帳の障害者等級3級以上とは？／41
　　❷　身体障害者手帳とは／43
　　　①　障害の程度・43
　　　②　交付対象者と障害の種類・43
　　　③　関係する法律と交付の概要・44
4　公的年金（障害年金）の障害等級 ………………… 46
　　❶　障害年金の障害等級とは／46
　　❷　障害年金を受給するための4つの要件／47
　　❸　障害認定の対象となる傷病／48
　　❹　障害等級の例／49
　　❺　障害年金の支給額／49
　　❻　障害年金請求の流れ／50
5　精神障害者保健福祉手帳の等級 …………………… 51
　　❶　精神障害者保健福祉手帳とは／51
　　❷　対　象　者／51
　　❸　申請時期／51
　　❹　障害年金等の受給者は同等級／52
6　要介護認定の概要 ………………………………………… 53
　　❶　要介護認定の概要／53
　　❷　要介護認定の申請の流れ／54
　　❸　要介護度別の身体状態のめやす／56
7　各社所定の症状の違い ………………………………… 58
　　❶　要介護に関する各社所定の症状／58
　　❷　公的年金制度の障害等級に関する当社所定の就労不能状態／59

第四章 就業不能保険の分類と分析　　61

1. 就業不能保険の分類 …………………… 62
   - ❶ 仕組み編／62
   - ❷ 給付条件編／63
   - ❸ 精神疾患編／66
2. 就業不能保険商品の詳細一覧表（2018年1月現在）
   ………………………………………………… 69
   - ❶ 就業不能保険単体商品⑴⑵／68・69
   - ❷ 死亡保障（収入保障保険など）とセット⑴／70・72
   - ❸ 死亡保障（収入保障保険など）とセット⑵特定疾病限定／71・73
   - ❹ 医療保険の変形タイプ／74・76
   - ❺ 大手生保の総合型商品／75・77
   - ❻ 保障内容が限定的な総合型商品⑴⑵／78・79

第五章 精神疾患による就業不能リスク　　81

1. ビジネスパーソンの抱えるストレスとは ……… 82
2. 個人型商品における精神疾患への対応の現状 … 88
3. 精神疾患による労災請求の現状 ……………… 89
4. ストレスチェック実施の義務付け …………… 91
5. 企業のストレスチェック対策の重要性とGLTD
   ………………………………………………… 92
6. 従業員のメンタルリスクに対するGLTD ……… 93

第六章 GLTD（団体長期障害所得補償保険）の概要 95

1. GLTD（団体長期障害所得補償保険）の現状 … 96
2. GLTDの仕組み ………………………………… 98
   - ❶ GLTDとは？／98

目　次

　　　　❷　契約者の要望に合わせていろいろな加入方式を選択できる／ 98
　　　　❸　告知書は、団体の一括告知／ 99
　　　　❹　既往症を持つ人も補償対象となり得る／ 99
　　③　GLTD に付帯できる主な特約 ………………………… 101
　　④　就業不能時の収入減のイメージ ……………………… 102
　　⑤　GLTD の基本的な導入プランは大きく３つ … 104
　　　　❶　企業による全員加入プラン／ 104
　　　　❷　従業員の自助努力による任意加入プラン／ 104
　　　　❸　❶・❷の混合／ 104
　　⑥　GLTD の具体的な導入プラン ………………………… 105
　　　　❶　企業による全員加入、MAX プラン／ 105
　　　　❷　てん補期間を調整するプラン／ 107
　　　　❸　任意加入との組合せに約定給付率を調整するプラン／ 108
　　　　　①　約定給付率を調整するプラン・108
　　　　　②　任意加入と組み合わせるプラン・109
　　　　　③　従業員の任意加入のみのプラン・111

第七章　GLTD設計時のポイントと導入分布　117

　　①　約定給付率 ……………………………………………… 118
　　　　❶　MAX プランと公的給付控除／ 118
　　　　❷　一部復職した場合／ 119
　　　　❸　定額プラン／ 121
　　②　てん補期間 ……………………………………………… 122
　　③　免責期間 ………………………………………………… 123
　　④　基礎所得 ………………………………………………… 125
　　⑤　契約プランの分布 ……………………………………… 127
　　　　❶　免責（支払対象外）期間／ 128
　　　　❷　てん補（対象）期間／ 129

- ❸ 約定給付率／130
- ❹ 支払基礎所得（定率型の場合）／131

第八章　GLTDの導入事例　133

- ① 精密機械器具製造業（2,000人） …………… 134
  - ❶ 導入の背景／134
  - ❷ 導入のポイント／134
  - ❸ 導入タイプ／135
- ② 情報・通信業（70人） ……………………… 136
  - ❶ 導入の背景／136
  - ❷ 導入タイプ／136
- ③ 印刷業（190人） …………………………… 137
  - ❶ 導入の背景／137
  - ❷ 導入タイプ／137
- ④ 介護サービス業（1,500人） ……………… 138
  - ❶ 導入のポイント／138
  - ❷ 導入タイプ／138
- ⑤ 病院（3,800人） …………………………… 139
  - ❶ 導入目的／139
  - ❷ 導入タイプ／139
- ⑥ 部品製造業（1,100人） …………………… 140
  - ❶ 導入目的／140
  - ❷ 導入タイプ／140
- ⑦ 私立大学（600人） ………………………… 141
  - ❶ 導入目的／141
  - ❷ 導入タイプ／141
- ⑧ 電子機器メーカー（11,000人） …………… 142
  - ❶ 導入の背景／142
  - ❷ プランの特長／142

目　次

9　化学品メーカー（3,000人） ················ 144
　❶　導入の背景／144
　❷　プランの特長／144

10　卸売業（1,500人） ······················ 146
　❶　導入の背景／146
　❷　プランの特長／146

11　化学品メーカー（1,200人） ················ 148
　❶　導入の背景／148
　❷　プランの特長／148

12　化学品メーカー（200人） ················· 150
　❶　導入の背景／150
　❷　プランの特長／150

第九章　企業の福利厚生制度としてのGLTD　153

1　福利厚生制度とGLTD ···················· 154
　❶　保険商品としての福利厚生制度／154
　❷　GLTDの導入効果イメージ／155
　❸　今後強化してほしい福利厚生とは／156

2　GLTDの効果と選ばれる理由 ················ 157
　❶　保険商品としての効果／157
　❷　派生的な効果（導入企業のメリット）／158
　❸　無料付帯サービス／160
　❹　GLTD制度が企業から選ばれているその他の理由／164
　　①　福利厚生の再構築に伴うもの・164
　　②　従業員からの推薦・164
　　③　保険制度（保険契約）の中でのリバランス・164
　　④　新しく福利厚生制度を導入したい・165

xi

付録　資料　167

1. 「ビジネスパーソンの抱えるストレス」チューリッヒ生命調査 …………………………………………………… 168
2. 東京都の標準報酬月額と健康保険料・厚生年金保険料一覧（平成29年度） ………………………………………… 176
3. 契約規模別GLTD保険料サンプル …………………… 179

参考資料／180
おわりに／181
著者紹介／185

Column 目次

1. 雇用保険にも傷病手当がある？／40
2. 障害者等級と障害等級／45
3. マツコデラックスさんに悩みを聞いてほしい？／87
4. GLTDは生保？損保？／97
5. 標準報酬月額とは？／103
6. 401kとGLTD／126
7. 働きながらがんを治療する時代の補償／165

第一章 就業不能保険のあゆみ

　本章では、「就業不能保険」のこれまでのあゆみを紹介する。
　損保分野商品の誕生の歴史を始めとして、日本に就業不能保険が導入となった背景、そして日本における「就業不能保険」各社商品を、発売順に時系列で紹介していく。各商品概要については、第四章でさらに掘り下げているので、本章では簡単に流れをつかんでいただきたい。
　「就業不能保険」という名称でこの保険を日本で最初に販売したのはライフネット生命であるが、実はそれよりもかなり前から、損害保険の分野では「所得補償保険」として、また、一部の大手生保でも類似の商品が販売されている。こうした歴史を知っていただければと思う。

第一章　就業不能保険のあゆみ

1　損保分野の所得補償保険の概要

　就業不能保険は、損保分野で「所得補償保険」として取り扱われたのがそもそものスタートであるため、まずは損保商品について最初に触れておく。

　損保分野における「所得補償保険」とは、病気やケガで働けなくなった時に、減少した収入を補うことを目的とした保険であり、まさに就業不能保険と同様の目的を持つ。

　所得補償保険は英語で"Disability Insurance"と言われ、直訳するとDisability「＝不能」Insurance「＝保険」となるので、損保分野でも「（就業）不能保険」と訳してもよかったのかもしれないが、それよりも、所得を失うことを補償する目的を明確にするほうが理解をされやすかったためか、日本では「所得補償保険」と呼ばれてきた背景がある。

　また、損保の個人向け所得補償保険は、その大半が給付期間2年または1年など、期間限定の補償となっている。それが損保系商品の特徴でもある。

　しかし一方で、損保分野でも長期間を補償する商品も一部で取り扱われていて、その商品は「長期障害所得補償保険（LTD）」と呼ばれる。LTDとは、「Long Term Disability」の略である。

　そして、団体向けの商品である「団体長期障害所得補償保険」は、頭にGroupのGを付けてGLTD（Group Long Term Disability）と呼ばれ、これは会社や組合団体などを通じて加入できる「団体保険」である。

　GLTDは加入企業の従業員が病気やケガにより長期間にわたって働くことができなくなった場合、月々の給与の一部が最長で定年年齢まで補償される企業の福利厚生のための商品である。まさに、就業不能保険と同じである。

2　LTD・GLTD のルーツと日本における普及の現状

　LTD のルーツは、20 世紀初頭に米国の労働者による共済制度から始まったと言われている。特に 1929 年の大恐慌以降、所得補償制度として米国では飛躍的に普及している。

　また米国において、近年では 500 人以上の従業員規模を有する民間企業での約 6 割[1] が GLTD 制度を導入している。

　米国でこれだけ普及している背景には、米国は日本に比べて社会保障が手薄いという現実があるため、企業や労働者組合などが積極的に導入することになった、という背景がある。

　一方、日本でも損保分野の LTD・GLTD は 1999 年から存在しているが、米国に比べ普及率が低い状況が続いていた。

　これは社会保障制度により一部の所得補償がすでにあることにも起因しているわけだが、しかし実際の公的な保障額は、元気で働けている時の収入額に比べるとかなり低いものであり、公的保障だけでは就業不能前の生活水準を維持できないのが現実である。

　こうした状況があるにもかかわらず、日本の就業不能へのリスクはかなり遅れを取っていた。

　しかし、2016 年頃から生保各社で就業不能保険の販売が相次いだことで、遅ればせながら、世間の「就業不能リスク」への認知度も上がることとなった。

　長寿国である日本にとって、働けなくなるリスクは非常に大きいものであり、公的保障だけでは補いきれない。もしも本当に働けなくなった時、家族の生活をどのように守るのか、収入が途絶えるだけではなく自分にかかる医療費の負担も家族に重くのしかかることを思えば、今後この分野の保険の普及は日本社会にとって急務と言える。

---

1 ）米国労働統計局 2010 年 3 月調べ（Life and disability insurance benefits,March 2010：
　　"Program Perspectives,December 2010" U.S.BUREAU OF LABOR STATISTICS より）。

第一章　就業不能保険のあゆみ

3　日本における就業不能保険（長期障害所得補償保険）のあゆみ

　就業不能保険が日本で脚光を浴びるようになったのはごく最近であるが、実はその前からこの商品は一部の保険会社で類似の商品を含め取り扱われていて、歴史はそれなりに深い。ここからは、日本における就業不能保険の商品について発売順（図表1参照）にて、その商品概要を説明していく。

図表 1　就業不能保険のあゆみ（年表）　　　　　　　　　（2018年1月現在）

年月	会社	商品名
1999 年	❶日立キャピタル損害保険	「（現）リビングエール」
	❷大手生命保険会社の就業不能保障特約	
2004 年 1 月	❷−①明治安田生命	「生活費ロングサポート（生活サポート終身年金特約）」
2004 年 4 月	❷−②第一生命保険	「インカムサポート（特定状態収入保障特約）」
2010 年 2 月	❸ライフネット生命	「働く人への保険」
2011 年 5 月	❹富国生命	「就業不能特約（はたらくささえ）」
2014 年 6 月	❺チューリッヒ生命	「収入保障保険プレミアム」
2014 年 10 月	❻ソニー生命	「生活保障特則 14」
2015 年 8 月	❼プルデンシャル生命	「就労不能障害保険」
2015 年 9 月	❽住友生命	「未来デザイン 1 UP（生活障害収入保障特約）」
2016 年 2 月	❾太陽生命	「働けなくなったときの保険」
2016 年 7 月	❿アフラック	「給与サポート保険」
2016 年 9 月	⓫チューリッヒ生命	「くらすプラス」
2016 年 11 月	⓬東京海上日動あんしん生命	「家計保障定期保険 NEO 就業不能保障プラン」
2017 年 4 月	⓭三井住友あいおい生命	「&LIFE 新総合収入保障Ⅲ型」
2017 年 10 月	⓮日本生命	「もしものときの…生活費」
	⓯その他の個人向け商品の概要	
	⓰経営者向け商品の概要	

3　日本における就業不能保険（長期障害所得補償保険）のあゆみ

❶　日立キャピタル損害保険「(現) リビングエール」（1999年）

　就業不能の保障について損保分野の「所得補償保険」がこれに該当する商品として以前から販売されているが、個人保険分野では特に、その多くが給付期間1年または2年など期間限定の補償であることは前述したとおりである。

　しかしその中で、日立キャピタル損害保険の「(現) リビングエール（長期就業不能所得補償保険）」だけが、長期間の所得補償を可能としており、この補償内容が、現在の就業不能保険と酷似している。

　そのため、リビングエールが、長期の就業不能状態をカバーする日本で最初の商品と言える。

　「(現) リビングエール」は、日立キャピタル損害保険の前身であるユナム・ジャパン傷害保険によって、1999年に発売が開始されている。これが給付条件や補償範囲なども、現在の就業不能保険と大変よく似ている。唯一大きく異なるのは「3年または5年の更新型（自動継続可能）」という点である（個人向け商品の場合）。

　つまり若い人ほど安く加入できるというメリットがあり、年齢と共に保険料が上がるデメリットもあるのが特徴である（第四章68頁も参照）。

　なお、この商品は第五章以降で述べるGLTD（団体向け商品）としても広く取り扱われている。

> 給付条件
> ●病気やケガで入院または医師の指示による自宅療養により「いかなる業務（仕事）にも全く従事できない状態」
> 　（免責期間は60日、90日、120日、180日、365日から選択）

❷ 大手生命保険会社の就業不能保障特約

　リビングエールの次に就業不能保険を取り扱ったのはライフネット生命であるが、実はそれよりも前に大手生命保険会社の総合型保険商品の「特約」として、類似の保障商品が発売されているので、これについても触れておきたい。

　大手生保の特約の場合、一般的な就業不能保険に比べると保障範囲が限定的であり、就業不能保険と言うには保障範囲が狭すぎるが、それでも当時としては画期的と言っていい。

　また、次の2社の特約は改定を重ねながら現在も販売されており、「働けなくなった時の保障」という目的の特約として取り扱われている。

①　明治安田生命「生活費ロングサポート（生活サポート終身年金特約）」（2004年1月）

　発売時期は2004年と20年以上前である。所定の状態に該当すると、設定した年金額が一生涯受け取れる。なお、3大疾病については別の特定疾病保険特約でカバーするため対象外となっている。

　保障範囲は現在、以下のとおり（第四章79頁も参照）。

> 給付条件
> ①　身体障害者障害程度別等級1級・2級（身体障害者手帳の交付時に支払い対象となる）
> ②　要介護3以上
> ③　所定の障害状態（障害者手帳で1級程度、寝たきりまたは認知症で同社が定める要介護状態など）

②　第一生命保険「インカムサポート（特定状態収入保障特約）」（2004年4月）

　発売時期は20年以上前、明治安田生命に遅れること3ヵ月後であるが、

保障範囲は「インカムサポート」のほうが圧倒的に広い。たとえば要介護では、明治安田「生活費ロングサポート」は3以上、「インカムサポート」は2以上である。なお給付期間は5年・10年・15年の有期年金、65歳満了または70歳満了の有期年金から選択する。

保障範囲は以下のとおり（第四章79頁も参照）。

給付条件

① がん
② 急性心筋梗塞
③ 脳卒中
④ 所定の要介護状態※
⑤ 所定の身体障害状態
⑥ 高度障害
（⑦ 死亡の場合は1回分のみ給付）
※要介護については要介護2以上または同社の定める所定の状態

---

❸ ライフネット生命「働く人への保険」（2010年2月）

2010年、ライフネット生命の「働く人への保険」が発売される。日立キャピタル損害保険の「リビングエール」の発売から10年の時を経て、日本の生保会社では初めて、この分野の商品を発売開始した。

「就業不能保険」という分野が広く知られるきっかけとなった商品である。これからの時代に必要となる保障を、生命保険会社として先駆けて発売した点でも当時注目度が高かった。

「働く人への保険」は、リビングエールと同等の給付条件であるが、リビングエールとの違いは加入時の年齢により保険料が算出され、払込満了時まで保険料が変わらない点である。生保分野の商品の大半は、このタイプ（保険料が変わらない）となっている。

またライフネット生命の商品の特徴として、妊娠出産時のケガ、病気を原

因とする就業不能も保障される。妊娠出産に関する保障をどの商品でもマストとしているのは、ライフネット生命のこだわりでもある。

また2016年6月には、バージョンアップとなった「働く人への保険2」が発売された。この商品では、免責期間を60日または180日の選択制になったこと、またサラリーマンなど健康保険加入者には就業不能となっても1年半の間は「傷病手当金」という公的保障の給付があるため、この分の最初の540日（1年半）の期間の保障を半分に設定するハーフタイプを選ぶこともできる（**第四章68頁も参照**）。

```
給付条件
 ＝就業不能状態（免責60日または180日）
  ●所定の傷病による入院の継続
  ●日本の医師の指示による在宅療養の継続
    ただし軽労働／座業ができないこと
```

この商品は発売されてから7年超と販売実績が長く、これまでの給付実績などが大変参考になる。

HP等で公表されているが、ライフネット生命の了解を得たので本書でも紹介したい（図表2～4参照）。

図表2 「働く人への保険」保有契約件数

	2017年度累計	2016年度累計
保有契約件数	39,209件	31,790件

図表3 就業不能給付金の支払対象となった実例　　　　（2016年3月末時点）

傷病名	性別	年代	支払月数	お支払いを終えた理由
精巣癌	男性	20代	7	回復
骨折	男性	30代	4	
精巣癌	男性	30代	6	
骨折後変形治癒	男性	30代	4	
ギランバレー症候群	男性	30代	14	

3 日本における就業不能保険（長期障害所得補償保険）のあゆみ

傷病名	性別	年代	件数	区分
頚椎捻挫	男性	30代	6	回復
ホジキン病	女性	30代	4	
切迫早産、重症妊娠悪阻	女性	30代	1	
卵巣癌	女性	30代	19	
多発性骨髄腫	男性	40代	16	
くも膜下出血	男性	40代	11	
髄膜炎	男性	40代	8	
脳腫瘍	男性	40代	6	
急性骨髄性白血病	男性	40代	2	
子宮癌	女性	40代	25	
後天性血友病	女性	40代	2	
椎間板ヘルニア	男性	50代	2	
直腸癌	女性	30代	10	死亡
白血病	男性	40代	32	
直腸癌	女性	40代	17	
脳腫瘍	男性	50代	40	
肺癌	男性	50代	1	
大腸癌	男性	50代	8	
乳がん	女性	50代	11	

図表4のとおり、給付対象の6割ががんである点も注目してほしい。

図表4 給付対象者の約6割が「がん」　　　　　　　　（2017年3月実績）

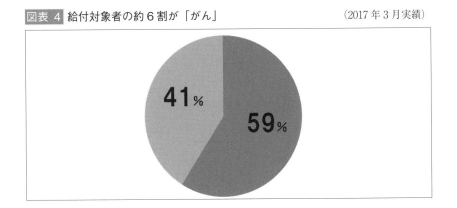

❹ 富国生命「就業不能特約（はたらくささえ）」（2011年5月）

2011年5月、富国生命「就業不能特約（はたらくささえ）」が発売される。「入院または在宅療養による当社所定の就業不能状態が121日以上継続したときに『就業不能年金』を支払う」としており、また就業不能年金は、被保険者が生存している間、5年間のみ支払われる。

免責期間が121日と比較的長く、また保障期間が5年間のみと短期間であるが、中堅生保で早い時期に就業不能保障に着手した保険会社の1つと言える。

精神疾患または妊娠・出産等にかかわる病気が原因の場合は、一時金30万円が支払われる。生保会社として早い時期から精神疾患に一時金給付を付帯した点も特徴である（第四章78頁も参照）。

> 給付条件
> ●入院または在宅療養による当社所定の就業不能状態が121日以上継続したとき

❺ チューリッヒ生命「収入保障保険プレミアム」（2014年6月）

2014年6月、チューリッヒ生命から「収入保障保険プレミアム（正式名称：無解約払戻金型収入保障保険（非喫煙優良体型・標準体型））」が発売される。

死亡保険である収入保障保険に、死亡保障と同額（またはそれ以下）の就業不能保障をセットした商品である。

ただし給付条件は「5疾病（ガン（悪性新生物）、急性心筋梗塞、脳卒中、肝硬変、慢性腎不全）により就業不能状態となり、その就業不能状態が該当した日を含め60日を超えて継続したと診断されたとき、または不慮の事故により身体障害状態に該当されたとき」となっている。このように、特定の疾病に限定した形は業界初となる。なお、特約付加によりストレス性疾患にも一部対応となる点も特徴である。

またチューリッヒ生命では、この商品とは別に、死亡保障とのセットでは

3 日本における就業不能保険（長期障害所得補償保険）のあゆみ

ない就業不能保障単体商品「くらすプラス」も後に発売するが、給付条件はこれと同様の5大疾病や精神疾患となっている（第四章71頁も参照）。

> 給付条件
> ● 5疾病（ガン（悪性新生物）、急性心筋梗塞、脳卒中、肝硬変、慢性腎不全）により、次のいずれかの状態にあり、その状態が60日を超えて継続したとき
>   a　治療を目的とした入院をしているとき
>   b　医師の指示を受けて自宅等で療養をしており、職種を問わず、すべての業務に従事できない状態であるとき
> ●病気やケガにより所定の高度障害状態になったとき
> ●ケガにより所定の身体障害状態になったとき
> ●所定のストレス性疾病により入院し、入院が60日を超えたとき
>   ＜所定のストレス性疾病＞
> 気分［感情］障害／統合失調症、統合失調症型障害および妄想性障害／神経症性障害、ストレス関連障害および身体表現性障害／摂食障害／非器質性睡眠障害／胃潰瘍／十二指腸潰瘍／潰瘍性大腸炎／過敏性腸症候群／更年期障害

❻　ソニー生命「生活保障特則14」（2014年10月）

　2014年10月、ソニー生命から「家族収入保障（生活収入保障特則14）」が発売される。死亡・高度障害に就業不能保障をセットする、という形での加入となり、「家族収入保険」または「家族収入特約〈定期型〉」に「生活保障特則14」を付加する。つまり死亡保険とセットの商品である。このあと、収入保障保険など死亡保険とセットの形を取る就業不能保険が複数発売されているが、その先駆けである。

　この特約を付帯することで、死亡保障等に加えて所定の就業不能の場合にも備えることになり、また給付金は保険期間が満了するまで毎月支払われる。

ソニー生命によると、現在家族収入保険全体の約75％に「生活保障特則14」が付帯されているとのことである。

給付条件は、「身体障害者手帳の障害者等級1～3級」と「要介護2相当」となっているのが「生活保障特則14」の特徴であり、公的制度に連動しているため給付条件がわかりやすいのが強みとなっている（第四章70頁も参照）。

なお現在、ほかの商品の多くが「公的年金制度の障害等級」を条件にしたものが多い中で、ソニー生命の商品は「身体障害者手帳の障害者等級」となっていて、この点でほかとは路線が異なる。身体障害者手帳の「障害者等級」と、公的年金の「障害等級」は、異なる制度である点に注意が必要である。この違いについては、第三章43～50頁でもあらためて説明する。

> 給付条件
> ●身体障害者手帳の障害者等級1～3級、要介護2相当、当社所定の傷病

❼ プルデンシャル生命「就労不能障害保険」（2015年8月）

2015年8月、プルデンシャル生命から「就労不能障害保険」が発売となる。

この「就労不能障害保険」は、業界で初めて給付条件に、公的金制度の障害年金における障害等級を取り入れた商品である。

ただし要介護認定については対象とならない。この点がほかの商品とは異なる（第四章78頁も参照）。

> 給付条件
> ●障害等級1級・2級：就労不能障害年金を生存中または保険期間満了まで支払う。また一時金も支払われる
> ●精神障害状態による障害等級1級・2級：特定障害年金を最長3年まで支払う
> ●障害等級3級：就労障害サポート年金（年金月額×30％）を支払う

❽ 住友生命「未来デザイン 1UP（生活障害収入保障特約）」（2015年9月）

2015年9月、住友生命から「未来デザイン 1UP（生活障害収入保障特約）」が発売となる。大手生保ならではの総合型商品に、生活障害収入保障特約（逓減型および固定型）が付帯されたもので、同社ではこの形の保険を「1UP」という愛称で呼ぶ（現「生活保険1UP」）。

この商品の給付条件は、公的年金制度の障害等級2級以上、公的介護保険制度の要介護2以上、またこれに相当する同社所定の状態でも給付する。

大手生保会社の中で「公的年金制度の障害等級＋要介護認定」による給付基準を先駆けて設けたのはこの商品である。

また、精神疾患については特約により3年分が給付となる（第四章75頁も参照）。

給付条件
- ●公的年金制度の障害年金1・2級に認定されたとき
- ●公的介護保険制度の要介護2以上に認定されたとき
- ●同社所定の就労不能状態に該当したとき
- ●同社所定の要介護状態が180日以上継続したとき
- ●特定障害給付金（精神疾患に対応、基本年金額の3年分を給付（1回のみ）
  - ・精神障害で公的年金制度の障害年金1・2級に認定
  - ・当社所定の精神障害で継続して180日以上入院

---

❾ 太陽生命「働けなくなったときの保険」（2016年2月10日）

太陽生命の主力商品である総合型保険「保険組曲Best」のラインアップとして登場。

死亡保障とセットで就業不能保障を備えた商品である。

給付金は2種類あり、短期間（150日まで最大5回）給付されるものと、180日以降から支払われる年金とに分かれる（第四章75頁も参照）。

> **給付条件**
>
> ●特定疾病・傷害早期就業不能給付金
> 3大疾病（がん・上皮内がん等、急性心筋梗塞、脳卒中）ならびに、不慮の事故による傷害を原因として、入院または同社所定の就業不能状態が30日継続した場合、30日ごとに、150日まで（累計5回）給付金を支払う。
>
> ●就業不能年金・遺族年金・高度障害年金
> 公的介護保険制度の要介護2以上に認定されたとき、または、同社所定の就業不能状態が180日継続したとき、就業不能年金を支払う。死亡時・高度障害時も同額を支払う。

❿ アフラック「給与サポート保険」（2016年7月）

2016年7月、アフラックから「給与サポート保険」が発売となる。同社によるインパクトあるテレビCMの影響により、この分野の保険に対する世間への認知度も一気に広まることとなる。また、このあと各社が一気にこの分野の商品を発売し、就業不能保険販売ラッシュの幕開けとなった商品でもある。

商品の主な特徴は、サラリーマンなど健康保険加入者には就業不能となっても1年半の間は「傷病手当金」という公的保障であるため、給付金を2段回に分け、短期回復支援金を低く設定できる。また、給付が開始されると1回目から6回目までは必ず給付される点も特徴である（第四章69頁も参照）。

なお、アフラック商品の最大のメリットは、そのネームバリューによる顧客からの信用度の高さにあると言える。

また販売網については、アフラックショップなど全国の保険ショップなら

3 日本における就業不能保険（長期障害所得補償保険）のあゆみ

びに乗合代理店のほか、銀行窓販においては約120行（2017年5月時点）でも取扱いを行っており、このように全国販売網を備えている点も同社の強みである。

販売実績について、アフラックより本書に数字を公開いただいており、販売がスタートした2016年7月19日～2017年3月31日までの販売実績（約8ヵ月）は3万4,950件、2017年4～9月は2万4,130件、2017年9月末時点の保有契約数56,890件となっている。

```
給付条件
＝就労困難状態
●短期回復支援給付金（1～17回目まで）※免責60日
 ・所定の傷病による入院（診療所含む）
 ・医師の指示による在宅療養（障害者支援施設などを含む）により
   外出が困難な状況
 ・所定の特定障害状態
  （※6回までは全給付となる）
●長期療養支援給付金（18回目以降）
 ・所定の傷病による入院（診療所含む）
 ・医師の指示による在宅療養（障害者支援施設などを含む）により
   外出が困難な状況
 ・公的年金制度の障害等級2級以上
```

⓫ チューリッヒ生命「くらすプラス」（2016年9月）

2016年9月、チューリッヒ生命から、生活保障保険「くらすプラス（正式名称：無解約払戻金型終身医療保険（Z02））」が発売される。

給付条件は、チューリッヒ生命の別の死亡保険商品である「収入保障保険プレミアム」の就業不能保障特約と同じく、以下にあるように、5大疾病を中心に、精神疾患の一部も特約により保障する（第四章71頁も参照）。

> 給付条件
>
> ● 5疾病（ガン（悪性新生物）、急性心筋梗塞、脳卒中、肝硬変、慢性腎不全）により、次のいずれかの状態にあり、その状態が60日を超えて継続したとき
>   a　治療を目的とした入院をしているとき
>   b　医師の指示を受けて自宅等で療養をしており、職種を問わず、すべての業務に従事できない状態であるとき
> ● 病気やケガにより所定の高度障害状態になったとき
> ● ケガにより所定の身体障害状態になったとき
> ● 所定のストレス性疾病により入院し、入院が60日を超えたとき
>   ＜所定のストレス性疾病＞
> 気分［感情］障害／統合失調症、統合失調症型障害および妄想性障害／神経症性障害、ストレス関連障害および身体表現性障害／摂食障害／非器質性睡眠障害／胃潰瘍／十二指腸潰瘍／潰瘍性大腸炎／過敏性腸症候群／更年期障害

⓬　東京海上日動あんしん生命「家計保障定期保険NEO 就業不能保障プラン」（2016年11月）

　2016年11月、あんしん生命が家計保障保険（収入保障保険）の商品改定を行い、「家計保障定期保険NEO 就業不能保障プラン」の発売を開始した。また改定に合わせて非喫煙優良体の割引が適用となり保険料が下がった点も特徴である。

　この商品は、死亡保障である収入保障保険に「5疾病・重度介護家計保障特約」を付帯することで、死亡保障ならびに就業不能保障が確保できるという形の商品である。

　5大疾病（悪性新生物、急性心筋梗塞、脳卒中、肝硬変、慢性腎不全）に対応する点はチューリッヒ生命の収入保障保険プレミアムと同型であるが、免責60日経過後の給付金のほかに、5大疾病により入院したその時点で「特約給

付金月額×2回分」が支払われる初期入院給付金がある。つまり免責期間がないということになり、この点が最大の特徴である。ただし1回のみの給付であることと、入院しないと給付されない点には注意が必要である。

精神疾患への保障はない。病気やケガにより所定の要介護状態になった場合には一時金（100万～300万円）を支払う特約がある（第四章71頁も参照）。

> 給付条件
> ＜5疾病初期入院給付金＞
> 5疾病（悪性新生物・急性心筋梗塞・脳卒中・肝硬変・慢性腎不全）で入院をしたとき
> ＜重度5疾病・重度介護給付金＞
> ① 5疾病（悪性新生物・急性心筋梗塞・脳卒中・肝硬変・慢性腎不全）による所定の就業不能状態が60日を超えて継続したと診断されたとき
> ② 病気やケガによる所定の要介護状態が180日を超えて継続したと診断されたとき

⑬ 三井住友あいおい生命「&LIFE 新総合収入保障Ⅲ型」（2017年4月）

2017年4月、三井住友あいおい生命が、収入保障保険の商品改定を行い、新商品「&LIFE 新総合収入保障」、「&LIFE 収入保障」を発売した。

特に「&LIFE 新総合収入保障Ⅲ型」においては就業不能の保障範囲が広く、三井住友あいおい生命の商品の特徴は精神疾患でも公的障害年金制度の1級以上であれば給付金が保険期間満了まで給付される点である。精神疾患で長期給付を可能としているのはこの商品のみである。また非喫煙体や優良体に加え、同社特有のゴールド免許割引など保険料の安さも特徴である（第四章70頁も参照）。

なお商品は3種類あり、図表5のように保障範囲が分かれる。

図表5　3商品の保障範囲

		死亡高度障害	障害・介護	就業不能
&LIFE	新収入保障Ⅰ型	○	×	×
	新総合収入保障Ⅱ型	○	○	×
	新総合収入保障Ⅲ型	○	○	○

図表6　収入保障保険Ⅲ型　　2017年4月～9月累計（成立ベース）

被保性別	被保年代	契約件数	被保性別	被保年代	契約件数
男性	10代	134	女性	10代	56
	20代	3,608		20代	1,384
	30代	8,469		30代	2,820
	40代	6,494		40代	2,336
	50代	1,994		50代	817
	60代	344		60代	155
	70代	8		70代	1
	男性計	21,051		女性計	7,569
総計					28,620件

　また、三井住友あいおい生命からは2016年の販売開始から9月までの販売状況について、本書に公開の了承をいただいているので紹介したいと思う（図表6参照）。2017年4月の発売から半年間で2万8,000件以上の販売実績があり、また三井住友あいおい生命のⅠ型・Ⅱ型と比べ、就業不能保障のあるⅢ型のシェアは74.9％とのことである。

給付条件

【Ⅱ・Ⅲ型共通】
● 生活障害年金：国民年金法にもとづき障害等級1級に認定されたとき（精神障害も含む）。または約款所定の特定障害状態になったとき
● 生活介護年金：公的介護保険制度に定める要介護2以上の状態と認定されたとき。または約款所定の生活介護状態が180日以上継続していることが医師によって診断確定されたとき

3 日本における就業不能保険（長期障害所得補償保険）のあゆみ

【Ⅲ型のみ】
●特定就労不能障害年金：約款所定の病気により国民年金法にもとづき障害等級2級に認定されたとき（精神障害等を除く）。または約款所定の病気により約款所定の特定就労不能障害状態になったとき

⓮ 日本生命「もしものときの…生活費」（2017年10月）

　2017年10月、最大手生保である日本生命がいよいよこの分野の商品の発売を開始する。

　商品の仕組みは、免責期間60日経過後の給付開始から17回分までの給付期間である短期就業不能給付金と、18回目（1年半）以降の長期就業不能給付金との2段階給付となっている。

　サラリーマンなど健康保険に加入している人は傷病手当金があるので、最初の1年半の期間の保障を下げるなどの調整ができ、この点はアフラックの商品と同タイプである（第四章69頁も参照）。

給付条件
●短期就業不能給付金（1～17回目まで）
　・所定の傷病による入院
　・医師の指示による在宅療養が60日以上継続したとき
　　（※6回までは全給付となる）
●長期就業不能給付金（18回目以降）
　所定の傷病による入院または医師の指示による在宅療養の継続、ならびに公的年金制度の障害等級2級以上
●特定疾患就業不能給付金（精神・神経疾患）
　所定の傷病による入院または医師の指示による在宅療養が60日以上継続したときに短期就業不能給付金と同額を給付（※6回までは全給付となる）、また7回目以降も同状態のときには継続する。ただし、給付回数17回までが支払限度となる。

⓯ その他の個人向け商品の概要

各社から、「就業不能状態を保障する」という謳い文句の付いた商品や特約はほかにもあるが、中には、保障範囲が限定的なものや、保障期間が短期間なもの、特定疾病保険に近いものなども含まれている。ここでは、そうした商品の一部を紹介する。

① メットライフ生命「収入保障保険マイディアレスト三大疾病保障付コースⅡ型」

収入保障保険(死亡保険)にプラスして3大疾病保障をセットできる。所定状態になると2年間、月額給付金が支払われる。3大疾病で2年間のみの給付であるが、給付条件が明確で早い段階で給付される点がメリットである。

たとえば、がんは診断された時点で、また心疾患および脳疾患は所定の手術または20日以上の継続入院で給付される。

② ネオファースト生命「ネオ de しゅうほ」に付帯する「特定疾病収入保障特則」

収入保障保険(死亡保険)である「ネオ de しゅうほ」に「特定疾病収入保障特則」を付帯することで、3大疾病で所定の状態の時に、保険期間満了まで給付金(死亡保障と同額)が受け取れる。3大疾病のみと保障範囲は限定的であるが保険期間満了まで給付される点が特徴である。

> 給付条件
> ① がん:生まれて初めて所定のがん(約款に定める悪性新生物(がん))と医師により診断確定されたとき
> ② 急性心筋梗塞:30日以上の制限を必要とする状態が継続したと医師によって診断されたとき、または所定の手術の受けたとき
> ③ 脳卒中:30日以上、言語障害、運動失調などの他覚的な神経学的後遺症が継続したと医師によって診断されたとき、または所定の手術の受けたとき

③ アクサ生命「生活障害保障型逓減定期保険特約」

次のいずれかに該当した時に生活障害保険金が支払われる。

> 給付条件
> ●所定の高度障害状態になったとき
> ●所定の要介護状態が180日以上継続したとき
> ●急性心筋梗塞・脳卒中により60日以上、所定の状態が継続したとき
> ●不慮の事故により所定の障害状態になったとき

④ 朝日生命「収入サポート」

身体障害者手帳の障害者超級1級・2級・3級、ならびに要介護1の時に給付金が支払われる。公的制度の認定が条件となる。

⓰ 経営者向け商品の概要

経営者向けの生命保険商品にも、就業不能保険が複数販売されている。これらの商品の一部を紹介する。

① 大同生命「就業障がい保障保険Tタイプ」

1～3級の身体障がい者手帳の交付を受けた場合、および不慮の事故による死亡を保障する保険。ただし要介護認定は対象外。法人契約も個人契約も取り扱う。

② アクサ生命「ビッグステージ（生活障害保障型定期保険）」

所定の就業不能状態、または死亡時に保険金が支払われる定期保険。定期保険なので保険金は1回で支払われる。

> 給付条件
> ① 高度障害状態
> ② 急性心筋梗塞・脳卒中で60日以上所定の状態が継続
> ③ 不慮の事故により180日以内に障害状態となったとき
> ④ 介護状態になり180日以上継続したと医師により診断されたとき
> 法人契約も個人契約も可能

⑰ 補　足

　2018年4月、損保ジャパン日本興亜ひまわり生命より、「じぶんと家族のお守り」として収入保障保険（死亡保障）に就業不能保障が付帯された新商品が発売される。

　直近商品のため、商品概要を補足として記載する。

> 給付条件
> ●メンタル疾患と、7大疾病（悪性新生物・急性心筋梗塞・脳卒中・慢性腎不全・肝硬変・糖尿病・高血圧性疾患）により所定の事由に該当した場合、「生活サポート年金」が2年または5年（選択制）に渡って支払われる。
> ●公的年金制度の障害等級1級または2級と認定された場合（精神障害除く）、または当社所定の就労不能状態に該当した場合、「就労不能年金」が主契約期間満了まで支払われる。

　このほか、健康チャレンジ祝金や、選べる保険料払込方式など、独自の特徴もある。

第二章 就業不能保険の給付条件における課題

　前章で各社商品の特徴などを時系列に紹介してきたが、商品によって多種多様であり、仕組みから給付条件までかなり異なることがわかったのではないかと思う。これを一律で理解したり、比較したりするのは非常に難解でもある。
　就業不能という分野の商品が一気に世に出たのが2016年頃とまだ新しいため、今後交通整理も必要となってくるだろう。
　本章では、そうした各社の就業不能保険の系統や給付条件について、それぞれの現状の課題とメリットについても、述べていく。

1 就業不能保険の定義とは

　最初に、就業不能保険とは何かという基本的なことを述べたい。就業不能保険とは文字どおり、病気やケガにより働くなった時に、給与の代わりとして給付金を受け取れる、という仕組みの保険である。

　しかしこの「働けなくなった時」の定義が各社や各商品によって異なっている。そのため給付条件も、実は商品によってまったく違う、という現象が起こっている。

　各保険会社が給付条件としている「就業不能」の状態とはいったいどういうものか、そしてそれぞれの給付条件の課題について、給付条件別に考えてみたい。

2 給付条件による課題

❶ 給付条件「医師の診断による就業不能」の課題

1つには「医師の診断により就業不能」と判断された場合、ということを給付条件としている商品がある。

最もオーソドックスな、本来の就業不能保険の形式を取っている商品とも言える。

しかし、具体的にそれどのような状態に該当するかをイメージするのは案外難しい。

たとえば、見た目には元気に見えても仕事をすれば確実に悪化して、場合によっては死に至るかもしれない？……そのような状態の場合、これは医師には判定できても、医学の専門家ではない人にとってはイメージしにくい。このように、具体的なイメージはしにくいけれど、「医師が働いてはいけないと判定した」ことを基準としている、というのが本来の就業不能保険なのである。

こうした本来の形式の就業不能保険は、一見わかりにくさを感じる面もあるが、実際には「医師による判定」という明確な基準があることがメリットでもある。

ただし、この「医師の診断」にも実は2種類あり、「いかなる職業にも従事できない状態（要件）」を条件としている商品と、その条件がない商品がある。条件がない商品では、公的年金制度の障害等級2級以上も給付条件としているためである（公的年金制度の障害等級の判定基準は、労働や収入の有無とは直接関連性がない）。

そのほか、精神疾患への給付の有無の違いや、免責期間の選択制の有無などにも違いがある。各商品詳細については**第四章2**「就業不能保険商品の詳細一覧表（2018年1月現在)」を見ていただきたい。

❷ 給付条件「公的制度の等級」の課題

次に、公的制度を給付の判定基準としている商品について考えてみる。

就業不能保険には、給付条件として、公的制度である「身体障害者手帳の障害者等級」や「公的年金制度の障害等級」、「要介護認定」などを給付金支払いの基準としている商品が多数ある。

公的制度と連動しているということで、説明もしやすく顧客にとってもわかりやすいのが、このタイプの商品のメリットでもある。

しかし公的制度の等級と、実際に働けるかどうか、ということは、実はまったく別のことなのである。

たとえば世の中には、車椅子の人でも働いている人は大勢いるということを考えていただければわかると思う。

身体障害者手帳の等級も、障害年金の等級も、そもそも「働けるかどうか？」ということだけが判定基準にはなっているわけではない。障害の状態の内容を中心に判定する制度なのである。

だから、同じような障害や等級でも、たとえば会社と自宅がごく近所で通勤が容易なため働けている人や、本人が働くことに非常に意欲的で症状の悪化を覚悟してでも仕事をしようとする人もいる。また反対に、どこまで頑張っていいのか判断がつかなくて何となく仕事に不安を感じる人、その不安のために仕事ができない人もいる。このように実際働けるかどうかは、症状だけではなく、環境や本人の性格やメンタルなども大きく影響する、それが現実である。それでも等級だけで給付を判定していいのか、という課題もある。

さらに、公的な制度の等級は、症状が固定して初めて認定されるものが多く、状態が悪化中で働けない場合でも、変化の途中にある時には等級が取れない、という場合もある。たとえば、今はまったく体が動かなくても、リハビリによって数年後には多少回復する可能性が少しでもあれば等級認定は先送りになる、というケースもある。

また、障害者手帳の等級や傷害年金の等級がとれていなくても、体感的に仕事がまったくできない状態の人は実際に多数いる。あるいは原因がハッキリするまでに数ヵ月以上かかるような症状や、原因不明の症状もある。

　公的制度は、こういう方々にとっては、むしろ厳しい制度となってしまう可能性がある、という課題もある。

3 公的制度との関係

❶ 判定基準の曖昧さ

さらに、公的制度の判定基準というのは実は限定的ではない。

たとえば、要介護認定について、認定を受けている高齢者の間では「今年は昨年に比べて判定が厳しくなった」という話題が普通になされている。昨年であれば要介護2と判定されたかもしれないが、今年やそれ以降は、違う判定になるということが実際に起こるのである。

❷ 申請手続の難しさ

特に公的年金制度の障害等級の場合、この制度はそもそも初診から1年6ヵ月以上経過していないと申請できないうえ、申請後も判定まで4～6ヵ月はかかる（つまり判定を取るまで初診から2年近くかかるということ）。

そのうえ、各種の手続や書類の取付けまですべて自分でやらなければならない。また主治医が、障害年金の制度自体を知らないケースや、その診断書を書いたことがないという場合もある。この等級は、医師が診断書を記入してくれるという協力がなければ、認定自体が取れない。

さらに、苦労して各種書類を取り付け、無事に申請したが、数ヵ月待たされた挙句に判定で対象外となるということもある。これは、具合の悪い人が1人で手続から申請～判定を待つまで、心身共にすこぶる負担が大きいと言わざるを得ない。

さらに、この認定を取るためには、「初診の前1年間の間に公的年金保険料の滞納がない」などといった、条件がいくつかある。つまり症状としては認定が取れる状態にあっても、別の要件により認定されないこともある。具合が悪いため、かなり前から仕事を休みがちになり、公的年金保険料の支払いを滞納しているというような可能性は、普通の人以上に高いのではないだ

ろうか。

　公的制度というのはこのように、実際は非常に曖昧な面を持つ制度であることを知っておく必要がある。

　なお、身体障害者手帳の申請手続は、これほど難しくはないが症状が固定しないと認定が取れない。

　また、要介護認定については手続自体にはそれなりの段階を経る必要もあるが、元々お年寄り向けの制度であるため手続は比較的やりやすいほうだと言える。しかし毎年更新があり、そのたび認定が変わることも頻繁にある。

　こうした手続の手順や、各公的制度の等級基準や認定基準の事例について、**第三章**でも詳しく記載しているので参考にしてほしい。

4 保険商品として抱える課題

❶ 給付期間の問題

就業不能保険は、働けなくなった時に給付金を受け取る保険であるが、仮に回復して仕事復帰をしたらどうなるのだろうか。

実はこれについては、2通りの商品がある。

働けるようになったら給付は止まるタイプと、一度給付されると保険期間満了まで"回復の度合いにまったく関係なく"給付され続けるタイプの商品とがある。

どちらがいいのか？

一見すると、給付期間が長いほうがいいように見えなくもないが、本来保険の役目は本人の社会復帰を後押しすることにある、ということも言えるのではないだろうか。また、給付期間の長短だけでなく、給付開始が早いか遅いかということも重要である。公的制度を基準としている商品は、認定が取れるまでに期間がかかる。これに対して各社が独自基準を設けているが、その条件については各社違いもある。

❷ 就業不能保険単体と死亡保険（収入保障保険）のセット商品における課題

また、就業不能保険には、就業不能のみを保障する単体の商品と、死亡保険に就業不能保障がセットされている商品との、2パターンがある。

死亡保険（収入保障保険）とのセットの場合、被保険者が万一死亡した時に、残された遺族に毎月（または毎年）お給料のように死亡保険金が給付されるわけだが、働けなくなった場合にも、同じく給料のように毎月給付金が支払われるという点が顧客にとってもわかりやすい点であり、メリットと言える。

またこれらの商品には非喫煙料率などの設定により保険料が低廉である点もメリットである。

単体の商品と死亡保障とのセット商品、どちらがいいのだろうか。

これについては、顧客のニーズに合わせて選択する、ということになるだろう。たとえばすでに死亡保障を確保しており、死亡保障まで合わせて見直すことで保険料が高額となるなら、就業不能単体商品のほうがいい、ということになるだろう。あるいは死亡保障がそれほど必要ない若い人や独身の人なども、自分が働けなくなった時のリスクを重点的に用意するほうがいい、ということも言える。

反対に、小さな子どもがいる人や非喫煙者など、死亡保障と就業不能保障を合わせて安く用意したい人には、セット商品のほうがいいケースもある。

こうした条件の違いや、予算、就業不能の給付条件のどこに重点を置くか、といったことで選択肢が変わってくることになる。

❸ 特定の疾病による就業不能を保障する保険の課題

就業不能保険の中には、特定の疾病による就業不能のみを保障するという形式の商品もある。

たとえば、5大疾病（ガン（悪性新生物）、急性心筋梗塞、脳卒中、肝硬変、慢性腎不全）などである。5大疾病のみという点で、保障範囲が狭いことが最も大きな課題と言える。しかし生活習慣病として罹患率の高い病気であることと、給付条件が明確で、たとえば「がんで入院した時点で給付する」というように、給付時期が早い、などのメリットもある。

保障範囲の狭さはあるが、給付時期の早さと商品のわかりやすさというメリットはそれなりに高い。また非喫煙料率などもあり保険料が安い点も特徴となっている。保険商品として、この「わかりやすさ」というのは非常に重要な要素である。具体的にどのような状態になった時に給付されるのかが明確であることはメリットとも言える。

❹ 「就業不能」という言葉を保険商品で多用することの課題

さまざまな商品が「就業不能状態を保障する」という謳い文句で販売されているが、中には「3大疾病で働けなくなった時を保障する」というような商品もある。

この場合、言葉の意味としてだけで捉えれば、働けなくなった時の保障が目的であるから、これは「就業不能保険」だと、言えなくもない。しかし給付条件が3大疾病のみの場合や、そのほかにも、特に給付金が一時金の場合や2年間のみなど短期間の場合、これは就業不能保険というよりも「特定疾病保険」や「3大疾病保険」と呼んだほうがいいように思う。

ただし、こうした特定の疾病に限定した商品の場合は前項の5大疾病と同様に、たとえば入院をしただけでも給付対象となるなど給付が早いケースや、がんであれば就業不能かどうかにかかわらず給付されるなど、給付金を受け取りやすいという特徴がある。これはこれでメリットと言える。

このほか、「がんによる就業不能を保障する」という特徴を持つがん保険商品もある。一時金が、毎年一定期間支払われることで収入減をカバーする。がんの治療による就業不能も近年は増えているので、こうした考え方は今後必要であると思う。

しかし、多種多様な商品に"就業不能を保障する"という言葉が多用されていることで、「本来の就業不能保険とはどういう保険なのか？」ということを、わかりにくくしている側面もある。

このように、保険商品において「就業不能を保障する商品」とは、非常に広範囲のものを指しているため、一律で語ることが困難である。保険業界人にとっても困難なものを、顧客にとってはもっとわかりにくく、理解できないということになりかねない。保険という商品にとって「わかりにくい」ということは最も大きなデメリットであり、顧客本位からも遠のく。それが現状で一番の課題ではないかと感じる。

第三章 就業不能保険の給付条件と関連する公的制度の申請と概要

　就業不能保険の中には、公的な制度や社会保険に関する基準を、給付金の支払基準としているタイプの商品がある。したがって、就業不能保険を取り扱うのであれば、これに関連する公的制度について知っておく必要がある。
　本章では、就業不能保険を取り扱ううえで知っておくべき4つの公的制度と、これに該当する商品等について解説する。

第三章　就業不能保険の給付条件と関連する公的制度の申請と概要

1　社会保険と関連する就業不能保険のパターン

　就業不能保険の多くが、社会保険と何らかの関連がある。

　たとえば、どの公的制度の等級や認定が、より取りやすいのか？ということも顧客にとっては重要になるだろう。

　こうした給付条件別に就業不能保険を分類してみると、大きく4パターンあり、それぞれに関連する社会保険が異なっている。なお、分類は筆者によるものであるが、参考にしていただきたい。

❶　傷病手当金を基準として保障を決める商品

　就業不能保険の中で「医師から就業不能と診断されること」を給付条件としている商品は、最もオーソドックスな本来の就業不能保険の形式を取っている商品とも言える。

　実際の給付条件は各社表現が異なっているが、いずれにしても、給付の有無は「医師の判断」により決められる、という点は共通している。これらの商品は、社会保険の「傷病手当金」の有無によって保障内容を選択できる商品構造になっているため、この制度について知っておくことが必要となる。

　なお、傷病手当金については、あくまでも保険設計時に必要な知識であり、傷病手当金の給付の有無によって、保険金が給付となるということではなく、あくまで給付は「医師の診断」による。それでも保険設計上、制度を熟知する必要がある。

　そして、これに該当するのが次の商品である。

・日立キャピタル損害保険「リビングエール」
・ライフネット生命「働く人への保険2」
・アフラック「給与サポート保険」
・日本生命「もしものときの…生活費」
　※太陽生命「働けなくなったときの保険」

> →3大疾病と災害時のみ医師の診断要
> ※富国生命「就業不能特約（はたらくささえ）」
> →医師の診断であるが、給付期間は5年間のみ

❷ 身体障害者手帳の障害者等級と要介護認定

　給付の条件を、身体障害者福祉法で定める身体上の障害（＝「身体障害者手帳の障害者等級」）の3級以上、ならびに「要介護認定」2以上としている商品に該当するのが以下の商品である。

> ・ソニー生命「生活保障特則14」

　「身体障害者手帳の障害者等級」とはどのようなものか、また「要介護認定」の基準についても知っておく必要がある。

❸ 公的年金制度の障害等級と要介護認定

　「公的年金制度」の障害等級2級以上、ならびに、「要介護認定」2以上としている商品もある。
　該当するのは以下の商品である。

> ・三井住友海上あいおい生命「&LIFE 新総合収入保障 Ⅲ型」
> ・住友生命「生活保険1UP」
> ・アフラック「給与サポート保険」※
> ・日本生命「もしものときの…生活費」※
> 　※2商品については、医師による診断のほかに、障害等級2級以上の
> 　　条件も設けている。

　この公的制度を給付基準としている商品が多いため、特にこの制度については正しい知識を持っておく必要がある。

❹ 特定の疾病を条件としている商品

これまでの3種類のほかに、就業不能保険の中に、5大疾病など特定の疾病による就業不能のみを保障する形式の商品もある。

給付条件は社会保険そのものとは関連していないが、入院や手術があると給付を受けられるなど、給付を受けやすいことが特徴であり、以下の商品等が該当する。

> ・東京海上日動あんしん生命「家計保障定期保険NEO就業不能保障プラン」
> ・チューリッヒ生命「収入保障保険プレミアム」
> ・チューリッヒ生命「くらすプラス」

これら（❶～❹）のほか、「当社所定の症状」という名称で、各社共に独自の給付条件を設定している。これについても後述する。

2　傷病手当金

　就業不能保険の中でも、医師の診断を基に就業不能を判定する商品があり、これがオーソドックスな本来の就業不能保険、とも言える。そして、これらの商品は、保険を設計する際に、社会保険の「傷病手当金」の有無によって保障内容を選択できる商品構造になっているため、この制度について知っておくことが必要となる。

　「傷病手当金」とは、社会保険の中の、健康保険に付帯されている保障である。これは会社員や公務員などが加入する、組合保険、協会けんぽ等の加入者に付帯されているものであり、国民健康保険にはこの保障は付いていない。

　したがって、サラリーマンや公務員は、就業不能保険の保障内容を検討する際に、健康保険の傷病手当金として給付される分（給付期間は1年6ヵ月）を差し引き、1年半の期間は給付額をその分減らすことで、効率よく保障を確保できることになる。

　反対に自営業者など国民健康保険加入者の場合は傷病手当金がないため、その部分も含めて就業不能保険で保障を準備する必要がある。

　なお、会社などに勤務している人でも、一部の業種等によっては国民健康保険の扱いとなる場合がある。例を挙げると、医師国民健康保険組合のほか、歯科医師・弁護士・税理士・司法書士・理容師・建設・食品販売・芸能人などにも同様の国民健康保険組合がある。特に、医師や士業などに多いことを知っておくといいだろう。

　また医療機関の場合、医師国保に加入している医療機関と、協会けんぽや健康保険組合に加入している医療機関もある。医師と従業員で加入する医療保険が異なるケースもある（医師は国保組合、従業員は協会けんぽ、等）。

　このように、国民健康保険組合に加入しているケースの場合は、サラリーマンでも傷病手当金は給付されない場合もある（ただし、独自制度がある国保組合もある）。

❶ 傷病手当金とは

　病気休業中に被保険者とその家族の生活を保障するために設けられた制度で、被保険者が病気やケガのために会社を休み、事業主から十分な報酬が受けられない場合に支給される。

❷ 給付条件

① 業務外の事由による病気やケガの療養のための休業であること

　業務上・通勤災害によるもの（労災保険の給付対象）や病気と見なされないもの（美容整形など）は支給対象外。

② 仕事に就くことができないこと

　仕事に就くことができない状態の判定は、療養担当者の意見等を基に、被保険者の仕事の内容を考慮して判断される。

③ 連続する3日間を含み4日以上仕事に就けなかったこと

　連続して3日間（待期）の後4日目以降の仕事に就けなかった日に対して支給される。

④ 休業した期間について給与の支払いがないこと

　給与の支払いがあっても、傷病手当金の額よりも少ない場合は、その差額が支給される。なお任意継続被保険者である期間中に発生した病気・ケガについては、傷病手当金は支給されない。

図表 1 支給される期間

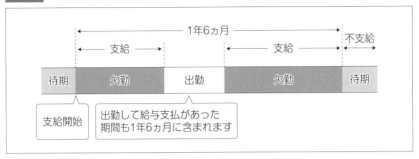

❸ 支給される期間

支給される期間は、支給開始した日から最長1年6ヵ月である（図表1参照）。途中仕事に復帰した期間があり、その後再び同じ傷病により仕事に就けなくなった場合でも、復帰期間も1年6ヵ月に算入される。

支給開始後1年6ヵ月を超えると傷病手当金は支給されない。

❹ 給付金額

給付金額は以下のとおり。

> ●1日当たりの金額＝標準報酬月額の2／3
> （支給開始日以前の継続した12ヵ月の標準月額平均額）÷30日×2／3

雇用保険にも傷病手当がある？ Column 1

　「傷病手当金」は健康保険の中の制度の１つであるが、実は、雇用保険にも「傷病手当」というものがある。最後に「金」の字が付くか付かないかの違いである。

　健康保険の「傷病手当金」と雇用保険の「傷病手当」は異なる制度なので表記も含め混乱しないよう気を付ける必要がある。

　雇用保険における「傷病手当」とは、失業保険の受給資格者が、離職後、公共職業安定所に来所し、求職の申込みをした以降に、15日以上継続して疾病または負傷のために職業に就くことができない場合、失業保険の基本給付の支給を受けることができないため、その間の生活安定を目的に支給されるもの。なお、14日以内の疾病または負傷の場合には失業保険の基本手当が支給される。

　傷病手当の日額は失業保険の基本手当の日額と同額となる。30日以上引き続いて疾病または負傷のために職業に就くことができないときは申出によって、失業保険の基本手当の受給期間を最大4年間まで延長できる。

　なお、疾病または負傷について他の法令により行われる類似の給付を受ける日については支給されない。

　　※雇用保険の傷病手当支給申請は、本人以外の代理人による提出または郵送でも行える。

3　身体障害者手帳の障害者等級

❶　身体障害者手帳の障害者等級3級以上とは？

　就業不能保険の中には、身体障害者手帳の障害者等級3級以上を給付条件としている商品がある。申請の流れと、どのような状態が3級以上に該当するかについて説明していく。

　身体障害者手帳は「身体障害者福祉法」によるもので、その交付を受けるには、「身体障害者福祉法第15条の指定」を受けている医師による診断書と意見書を添えて、役所（都道府県庁、区役所など）に申請をする。

　つまり、傷害の種類ごとに、診断書を書ける医師は限定されている。たとえば、いつも治療を受けている医師が、その指定を受けている医師であれば診断書をもらいに出向く手間などもかなり削減できる。指定医のいない医療機関で治療している場合は、自治体などの窓口等に確認すれば指定医を教えてくれるので、その医療機関に行けば診断書を書いてもらえる。

　ただし、身体障害者手帳は、その障害が永続することを前提とした制度であるため、障害の原因となる疾病を発病して間もない時期や、障害が永続しないと考えられる場合については、認定の対象とならないことがあるので、この点は注意が必要である。傷病の中には、体感的には重症でも、症状が固定しにくいものや、明確な診断がしにくいものは、等級を取れない場合がある。また、加齢等に起因する日常生活動作不能の状態についても身体障害とは認められない場合がある

　しかし、症状が固定していれば、その傷害の度合いに応じて等級が決まるため、ある程度わかりやすい制度である、ということは言える。

　具体的に障害者等級3級とはどのような状態であるか、図表2を参考にされたい。見ていただくとわかるように、かなり重症な状態であることがわかる。

図表2 身体障害者手帳の障害者等級3級以上の例

視覚障害		1　両眼の視力の和が0.05以上0.08以下のもの
		2　両眼の視野がそれぞれ10度以内でかつ両眼による視野について視能率による損失率が90パーセント以上のもの
聴覚又は平衡機能の障害	聴覚障害	両耳の聴力レベルが90デシベル以上のもの（耳介に接しなければ大声語を理解し得ないもの）
	平衡機能障害	平衡機能の極めて著しい障害
音声機能、言語機能又はそしゃく機能の障害		音声機能、言語機能又はそしゃく機能の喪失
肢体不自由	上　肢	1　両上肢のおや指及びひとさし指を欠くもの
		2　両上肢のおや指及びひとさし指の機能を全廃したもの
		3　一上肢の機能の著しい障害
		4　一上肢のすべての指を欠くもの
		5　一上肢のすべての指の機能を全廃したもの
	下　肢	1　両下肢をショパー関節以上で欠くもの
		2　一下肢を大腿の2分の1以上で欠くもの
		3　一下肢の機能を全廃したもの
	体　幹	体幹の機能障害により歩行が困難なもの
心臓、じん臓若しくは呼吸器又はぼうこう若しくは直腸、小腸、ヒト免疫不全ウイルスによる免疫若しくは肝臓の機能の障害	心臓機能障害	心臓の機能の障害により家庭内での日常生活活動が著しく制限されるもの
	じん臓機能障害	じん臓の機能の障害により家庭内での日常生活活動が著しく制限されるもの
	呼吸器機能障害	呼吸器の機能の障害により家庭内での日常生活活動が著しく制限されるもの
	ぼうこう又は直腸の機能障害	ぼうこう又は直腸の機能の障害により家庭内での日常生活活動が著しく制限されるもの
	小腸機能障害	小腸の機能の障害により家庭内での日常生活活動が著しく制限されるもの

	ヒト免疫不全ウイルスによる免疫機能障害	ヒト免疫不全ウイルスによる免疫の機能の障害により日常生活が著しく制限されるもの（社会での日常生活活動が著しく制限されるものを除く。）
	肝臓機能障害	肝臓の機能の障害により日常生活活動が著しく制限されるもの（社会での日常生活活動が著しく制限されるものを除く。）

厚生労働省「身体障害者障害程度等級表（身体障害者福祉法施行規則別表第5号）」より抜粋

❷ 身体障害者手帳とは

次に、身体障害者手帳の概要や申請の流れを記載しておく。

身体障害者を対象とする各種制度を利用する際に提示する手帳。身体障害者が健常者と同等の生活を送るために最低限必要な援助を受けるための証明書にあたる。

① 障害の程度

1級から6級まである（7級の障害は、単独では交付対象とはならないが、7級の障害が2つ以上重複する場合または7級の障害が6級以上の障害と重複する場合は、対象となる）。

② 交付対象者と障害の種類

交付対象者は、身体障害者福祉法別表に掲げる身体上の障害があるものとされている。

障害の種類は以下のとおり。

> ●いずれも、一定以上で（症状が）永続することが要件
> ・視覚障害
> ・聴覚または平衡機能の障害
> ・音声機能、言語機能またはそしゃく機能の障害
> ・肢体不自由
> ・心臓、じん臓または呼吸器の機能の障害
> ・ぼうこうまたは直腸の機能の障害
> ・小腸の機能の障害
> ・ヒト免疫不全ウイルスによる免疫の機能の障害
> ・肝臓の機能の障害

③ 関係する法律と交付の概要

「身体障害者福祉法」に定める身体上の障害がある者に対して、都道府県知事、指定都市市長または中核市市長が交付する。

Column 2 障害者等級と障害等級

　「身体障害者手帳の障害者等級」は、後述する「公的年金（障害年金）の障害等級」とはまったく異なる制度で認定基準も異なる。

　この違いを把握していない人が多いので注意が必要である。

　身体障害者手帳の場合は「障害者等級」、公的年金制度の場合は「障害等級」。真ん中に「者」の字があるかないかで大違いということになる。

　障害年金と障害者手帳は、申請窓口も審査機関も異なり、たとえば、障害者手帳の障害者等級が高くても、障害年金の障害等級には該当しない場合もあり、反対に障害者等級がなくても障害年金の等級の認定が受けられる場合もある。

　さらに、「精神障害者保健福祉手帳」という制度もあり（51頁）、これにも等級がある。

　特に複数の保険会社の商品を取り扱う乗合代理店において就業不能保険を取り扱う場合、この3つの違いや関連性を正しく把握しておく必要がある。

　なお、労災における等級も「障害等級」と表記するが、これもまったく異なる制度で、やはり認定基準も違う。

　公的な制度に関する障害の等級については、公的年金・身体障害者手帳・精神障碍者保健福祉手帳、そして労災と、4種類の等級があり、それぞれに、等級内容はもちろん判定基準もまったく異なる制度であることを認識しておく必要がある。

4 公的年金（障害年金）の障害等級

❶ 障害年金の障害等級とは

　就業不能保険の中には、公的年金制度の障害等級2級以上を給付条件としている商品が多数あり、給付基準としては最も多いので、特にこの制度についてはよく知っておく必要がある。なお、正式には「国民年金法に基づく国民年金法施行令で定める障害等級」と表現するが、本書ではわかりやすいよう「公的年金制度の障害等級」としている。

　国民年金や厚生年金の役目には、自分の老後の保障・遺族の生活保障・自分が働けなくなった時の保障の3つがあり、自分の老後の生活保障は「老齢年金」、遺族の生活保障は「遺族年金」、そして自分がケガや病気で働けなくなった時の保障は「障害年金」という名称で給付される。

　このうちの「障害年金」とは、病気やケガによって生活や仕事などが制限されるようになった場合に、現役世代の人でも受け取ることができる公的年金である。

　該当する病気やケガで初めて医師の診療を受けた時（初診日）に、国民年金に加入していた場合は「障害基礎年金」を、厚生年金に加入していた場合は「障害基礎年金＋障害厚生年金」を請求できる。

　ただし、申請できるのは初診日から1年半経過後からとなる。

　1年半経過後から必要書類を集め、医師に診断書を記入してもらい、各種の必要書類を不備なく記入して窓口に提出し、初めて申請が受理され、そこからさらに判定が出るまでには早くても3ヵ月はかかる。つまり初診から2年近くの間は等級が取れないということになる。

　なお申請時期が遅れて、たとえば5年経ってから申請をしたとしても、初診から1年半後の症状が等級に該当していれば、障害年金自体は遡って給付されることになっている。

　しかし、就業不能保険の給付金は、遡ってというわけにはいかないので、

保険会社に早めに相談するなど、速やかに給付金請求を行う必要がある。

また、障害年金の申請には、公的年金保険料の納付状況など含め、複数の条件が設けられている。この点に注意が必要となる。

❷ 障害年金を受給するための4つの要件

障害年金の受給申請をするためには4つの要件（図表3）がある。

これらすべてを満たしていなければ、たとえ体の症状が給付条件に合致していても障害年金の給付は受けられない。

図表 3 障害年金を受給するための4つの要件

①初診日要件	一番初めに、病院で障害年金請求の要因になったケガや病気を診察してもらった日のこと。その病院で初診を受けた証明書を取る必要がある。初診はいつどの病院だったのか？案外忘れてしまいがち。思い出せなければ請求もできない。日頃からメモや日記を残すことがコツ。
②制度加入要件	上記①の初診日に、国民年金や厚生年金に加入していなければならない。ただし20歳未満もしくは60歳以上65歳未満で、かつ住所が日本国内であれば国民年金に加入しているとみなされる。
③保険料納付要件	●初診日の前々月までの年金加入期間の2／3以上が、保険料納付済み、もしくは免除されているとき ●初診日の前々月までの12ヵ月間が、すべて保険料納付済み、もしくは免除されているとき ※上記のどちらかにあてはまっている必要がある。
④障害要件	国民年金加入者は、障害等級表1～2級による障害の状態にある間、障害年金を受け取れる。厚生年金の場合は1～3級のどれかに該当すれば障害年金を受けられるほか、3級に達しない場合でも障害手当金（一時金）が支払われるケースがある。

就業不能保険の各社の商品においては、受給要件に合致せず障害年金を申請できなかった人を救済する意味で、障害年金等級以外にも「当社の定める所定の症状」という条件を設けている。

しかし、この「当社の定める所定の症状」というのが、商品によっては、必ずしも障害年金の等級認定と同等の内容ではない場合があり、ここは各社違いがある点に注意が必要となる。

❸ 障害認定の対象となる傷病

障害年金の対象となる病気やケガは、手足の障害などの外部障害のほか、精神障害や、がん・糖尿病などの内部障害も対象になる。

また複数の傷病が併発している場合には、等級が重く判定されることもある。

以下、障害認定の対象となる傷病である。

1　外部障害
　眼、聴覚、肢体（手足など）の障害など
2　精神障害
　統合失調症、うつ病、認知障害、てんかん、知的障害、発達障害など
3　内部障害
　呼吸器疾患、心疾患、腎疾患、肝疾患、血液・造血器疾患、糖尿病、がんなど

前記③「身体障害者手帳の障害者等級」と比べると、障害年金の障害等級のほうが、対象となる状態の範囲が広い。

しかし、そもそも認定を取れるのが初診から1年半経過後以降なので、認定を取るまでに期間がかかる点が、この制度の注意点であり、そこが身体障害者手帳の等級の認定とは大きく異なる。

④ 公的年金(障害年金)の障害等級

図表 4 障害等級の例

1 級	両上肢の機能に著しい障害を有するもの
	両下肢の機能に著しい障害を有するもの
	両眼の視力の和が 0.04 以下のもの(原則として矯正視力)
	両耳の聴力レベルが 100 デシベル以上のもの
	その他
2 級	両上肢の機能に著しい障害を有するもの
	両下肢の機能に著しい障害を有するもの
	両眼の視力の和が 0.04 以下のもの(原則として矯正視力)
	両耳の聴力レベルが 100 デシベル以上のもの
	その他

❹ 障害等級の例

次に障害等級1級と2級について、たとえばどのような状態なのか、一例を記載する。

図表4は一例にすぎず、実際にはもっと多くの症例や基準が傷病ごとに細かく決まっており、かなり詳細で専門的な条件等が定められている。医学的な内容でもあり、これらの基準を私たちが理解するのは難しいが、実際に該当するかどうか調べたい時には、厚生労働省のWEBサイトに、部位や傷病の種類ごとに詳細な症例が記載されている資料があるので、必要な場合は参考にするといいと思う。

❺ 障害年金の支給額

2017年4月分からの障害基礎年金額は、97万4,125円(1級)、77万9,300円(2級)、金額は毎年改定される。18歳未満の子がいる場合は加算がある。

厚生年金加入者は、これに上乗せして「障害厚生年金」が支給される。障害の状態が3級の時は、障害厚生年金のみが支給される。

❻ 障害年金請求の流れ

障害年金の請求の流れ（図表5参照）は以下のとおり。

図表5 障害年金請求の流れ

請求書類	① 診断書／かかりつけ医師による証明書類。この診断書が判定を左右する。医師によっては、書いたことがない人や知識のない医師もいるので注意。 ② 病歴・就労状況等申立書／本人が作成する。初診からこれまでの通院実績や、日常生活の状況や就労状況など病状を記入する。たとえば、〇月〇日どの病院に行き、どのような治療をしたか、など詳細に書くほうがよいため、日頃から手帳や日記に記録を残すことが役立つ。
書類の提出先と審査	国民年金の場合は市町村役場の窓口に、厚生年金の場合は年金事務所に提出する。審査期間は3ヵ月～半年と言われているが1年以上待たされるケースもある。 申請が通らなかった場合は不服申立てを行うことも可能。ただし1度出した診断書類を訂正することはできないので、最初に出す診断書や申請書が非常に重要となる。
老齢年金とダブルでは受け取れない	すでに老齢年金を受け取っている人が追加で障害年金を受け取ることはできない。老齢年金の金額のほうが多ければ、申請する意味がないということになる。 なお、障害年金を受け取っている人が65歳になった時は、障害年金と老齢年金のどちらかを選ぶということになる。

5　精神障害者保健福祉手帳の等級

　就業不能保険の中で、精神疾患の際の給付条件に「精神障害者保健福祉手帳の2級以上」としている商品もある。

　なお、正式には「精神保健及び精神障害者福祉に関する法律に基づき、精神保健及び精神障害者福祉に関する法律施行令に定める2級以上」と表現される。

❶　精神障害者保健福祉手帳とは

　精神障害を持つ人が、一定の障害にあることを証明するもので、この手帳を持っていることにより、さまざまな支援が受けられることで、精神障害を持つ人が自立して生活し、社会参加するための手助けとなることを目的としている。

❷　対象者

　精神障害のため日常生活や社会生活にハンディキャップを持つ人が申請することにより交付される。

　入院・在宅による区別や年齢制限はない。

❸　申請時期

　手帳の申請の際の診断書の作成には、精神障害に係る初診日から6ヵ月を経過している必要がある。

❹ 障害年金等の受給者は同等級

　障害年金や特別障害給付金をすでに受給されている人は、診断書の代わりに、「年金証書等の写し」で申請することがで、この場合、原則として障害年金と同等級で交付される。

　公的年金制度の障害等級と同等基準の等級となるが、障害年金は初診から１年半経過後に申請できるのに対して、精神障害者保健福祉手帳は６ヵ月で申請が可能な点に違いがある。

6　要介護認定の概要

❶ 要介護認定の概要

就業不能保険の中には、要介護認定2以上、あるいは3以上、という基準を設けている商品がある。

たとえば「身体障害者手帳の障害者等級3以上または、要介護認定2以上」という給付条件の商品や、「障害年金の障害等級2以上または、要介護認定2以上」というように、ほかの公的制度とセットで認定基準としている商品が多い。

なお、要介護認定の基準は、大半の商品が要介護認定2以上としている。

図表 6　40歳以上65歳未満の人に公的介護保険が適用される16種類の特定疾病

・がん（自宅等で療養中のがん末期）
・筋萎縮性側索硬化症（ALS）
・後縦靱帯骨化症
・骨折を伴う骨粗しょう症
・多系統萎縮症
・初老期における認知症
・脊髄小脳変性症
・脊柱管狭窄症
・早老症
・糖尿病性神経障害、糖尿病性腎症および糖尿病性網膜症
・脳血管疾患
・進行性核上性麻痺、大脳皮質基底核変性症およびパーキンソン病
・閉塞性動脈硬化症
・関節リウマチ
・慢性閉塞性肺疾患
・両側の膝関節または股関節に著しい変形を伴う変形性関節症

ただし介護認定は、40歳未満の人では認定を受けられず、また40歳以上65歳未満の人も上記の「16種類の特定疾病」に関してのみが認定の対象となり、これ以外の傷病による介護認定は受けることができない（図表6参照）。
　なお、就業不能保険において、介護認定2以上を給付条件としている大半の商品が、併せて独自基準を設けており、「当社が定める所定の要介護状態」として、概ね要介護2以上相当の症状にある場合を給付対象としている。つまり16種類の特定疾病以外の傷病であって要介護認定を受けられなくても、概ね要介護2相当の症状にあれば就業不能保険の給付対象となる可能性がある。
　ただし、この独自基準の具体的な条件が、各社によって少しずつ表現が異なっているので注意が必要となる。これについては詳しく後述する。
　なお、「16種類の特定疾病」であれば40歳以上65歳未満の人でも要介護認定の対象となるため、たとえば身体障害者手帳の等級が取りにくいような「症状が固定しにくい疾患」の場合でも、要介護認定なら受けられるというケースもある。
　ちなみに、40～64歳の人で要支援要介護認定を受けている比率は0.3％である[1]。
　1,000中3人と考えると決して少ないとは言えない数値である。

❷ 要介護認定の申請の流れ

　申請の流れは、ほかの公的制度に比べると手続自体は難しくないほうである、と言えるように思う。介護制度自体、認定を受けるのが基本的に高齢者であるため、申請時の負担が少なくて済むような工夫がなされている。こう

1）厚生労働省『介護保険事業状況報告（暫定）』（平成29年1月分）、総務省『人口推計』（平成29年1月確定値）。

した点では、障害年金等級の申請に比べると遥かに親切にできており、日本は老人大国であることが垣間見える。

たとえば本人が療養中などで動けない時は家族が替わって手続をすることも可能であり、また、ケアマネージャーが自宅まで来て手続を支援してくれる場合もある。

申請の手順は図表7のとおり。

認定を受けるためには、かかりつけの医師の診断書が重要となる。

そのほか、他の公的制度との違いは、調査員がかならず自宅までやってくる訪問調査があることや、認定後も担当のケアマネージャーと密に連絡を取り合い、頻繁に訪問を受ける機会があること、また認定後に多数の書類に署名捺印するなどの作業が生じることなどがある。

それから、介護認定には毎年更新があり、毎年訪問調査があり再判定が行われる。これにより、認定基準が変わることや、非認定となる場合もある。

図表7 要介護認定申請の手順

①申　　請	各地域の、地域包括支援センター（地域により名称が異なる。お年寄り相談センター、など）の窓口で「要介護認定」の申請を行う。
②主治医意見書	申請の際に、主治医意見書の用紙が渡されるので、それを持参してかかりつけ医などの医療機関で受診し、記入を依頼する。 ※意見書記入手数料はかからない。
③訪問調査	心身の状態などを見るために、区の職員または区が委託した調査員が訪問して面接調査が行われる。
④一次判定	調査結果を基に全国共通のコンピュータで判定。
⑤介護認定審査会	一次判定の結果と主治医意見書、訪問調査による特記事項などを基に、総合的に審査判定。
⑥認定結果通知	介護認定審査会の判定に基づいて、区が要介護度を認定し、本人に通知される。

❸ 要介護度別の身体状態のめやす

　就業不能保険では、多くの商品が要介護2以上を給付対象としている。つまり認定が1と2では大違いとなるので、要介護1と2の境目がどこにあるか、図表8を見て理解していただきたい。

　また要介護認定は、基本的に、現在の心身の状態によって判定される。毎年更新がある制度だからである。

　こうした点も知っておくといい。

図表 8　要介護度別の身体状態のめやす

		身体の状態（例）
要支援	1	**要介護状態とは認められないが、社会的支援を必要とする状態** 　食事や排泄などはほとんどひとりでできるが、立ち上がりや片足での立位保持などの動作に何らかの支えを必要とすることがある。入浴や掃除など、日常生活の一部に見守りや手助けが必要な場合がある。
要支援	2	**生活の一部について部分的に介護を必要とする状態** 　食事や排泄はほとんどひとりでできるが、ときどき介助が必要な場合がある。立ち上がりや歩行などに不安定さが見られることが多い。問題行動や理解の低下が見られることがある。この状態に該当する人のうち、適切な介護予防サービスの利用により、状態の維持や、改善が見込まれる人については要支援2と認定される。
要介護	1	
要介護	2	**軽度の介護を必要とする状態** 　食事や排泄に何らかの介助を必要とすることがある。立ち上がりや片足での立位保持、歩行などに何らかの支えが必要。衣服の着脱はなんとかできる。物忘れや直前の行動の理解の一部に低下がみられることがある。
要介護	3	**中等度の介護を必要とする状態** 　食事や排泄に一部介助が必要。立ち上がりや片足での立位保持などがひとりでできない。入浴や衣服の着脱などに全面的な介助が必要。いくつかの問題行動や理解の低下がみられることがある。

要介護	4	**重度の介護を必要とする状態** 　食事にときどき介助が必要で、排泄、入浴、衣服の着脱には全面的な介助が必要。立ち上がりや両足での立位保持がひとりではほとんどできない。多くの問題行動や全般的な理解の低下がみられることがある。
	5	**最重度の介護を必要とする状態** 　食事や排泄がひとりでできないなど、日常生活を遂行する能力は著しく低下している。歩行や両足での立位保持はほとんどできない。意思の伝達がほとんどできない場合が多い。

生命保険文化センター「要介護度別の身体状態のめやす」より

7 各社所定の症状の違い

　これまで述べてきた複数の公的制度を、各社がそれぞれに給付基準としている一方で、各社共に「当社の定める所定の症状」という表現により、公的制度の認定がなくても給付する制度を設けている。
　1つ目は要介護に関するもの、2つ目は障害に関するものである。

❶ 要介護に関する各社所定の症状

　各社の自社基準によると、「当社既定の要介護状態が180日継続した場合」ということを給付条件としているケースが多い。
　概ねで要介護2以上の状態に該当するものと、それ以上に厳しいと感じる条件のケースもある。
　以下、2社ほど例を挙げるが、その表現はやや似ているものの、まったく同等とは言えない内容である。

例　1

【(1)または(2)の状態】
(1) 「日常生活動作表」の1～5のうち2項目以上が全部介助または一部介助に該当する状態
　　1．歩行
　　2．衣服の着脱
　　3．入浴
　　4．食物の摂取
　　5．排泄
(2) 器質性認知症と診断確定され、意識障害のない状態において見当識障害があり、かつ、他人の介護を要する状態

> 例 2
>
> 【AまたはBの状態】
> A 常時寝たきり状態で、次のaに該当し、かつ、b〜eのうち2項目以上に該当して他人の介護を必要とする状態
>   a ベッド周辺の歩行が自分ではできない。
>   b 衣服の着脱が自分ではできない。
>   c 入浴が自分ではできない。
>   d 食物の摂取が自分ではできない。
>   e 大小便の排泄後の拭き取り始末が自分ではできない。
> B 器質性認知症と診断確定され、意識障害のない状態において見当識障害があり、かつ、他人の介護を必要とする状態

❷ 公的年金制度の障害等級に関する当社所定の就労不能状態

障害年金は、受給要件の中に公的年金保険料を滞納していない等の要件がある（前掲4❷「障害年金を受給するための4つの要件」参照）。

このため、症状が該当していても等級が取れない場合がある。

この場合、等級が取れない場合は給付対象としない商品と、また救済の意味で所定の基準を設けている商品とがある。

所定の基準を設けているところについては、概ねで「公的年金制度の障害等級2級以上相当」の状態として、これを「当社所定の就労不能状態」という表現がなされている。

第四章 就業不能保険の分類と分析

　本章では、就業不能保険の分類や、商品の詳細などを比較検証する。
　2016～2017年にかけて、生保各社より就業不能保険が販売され、ラッシュ状態となったが、各社の「就業不能を保障する」と謳っている商品を見比べてみると、給付条件や内容などあらゆる点で異なっている。
　現在は、「就業不能を保障する」と謳っている商品の中にも、給付期間が２年間など短期間のものや、３大疾病のみに絞っている商品などもあり、これらも就業不能保障と呼んでいいものか？特定疾病としたほうがいいのでは？と思えるものなどもあるが、本章では、就業不能保険の条件をある程度満たしている商品を中心に分類する。筆者の独自基準で分類をしている点をご了承いただきたい。
　たとえば、仕組みにも単体商品から死亡保障とのセット商品まで複数あり、また給付条件、精神疾患の有無など、さまざまな分類が考えられるので、いくつかの観点から分類を行い、また全商品の詳細な一覧表も掲載する。

第四章　就業不能保険の分類と分析

1　就業不能保険の分類

❶　仕組み編

まずは就業不能保険を商品の性質ごとに分類してみたいと思う。
就業不能保険を、仕組みなどから次の4つに分類してみた。

> ①　就業不能保険／単体商品
> 　→就業不能リスクのみに特化した、本来の就業不能保険
> ②　収入保障保険（死亡保険）とセット
> 　→収入保障保険（死亡保険）に付帯する形で就業不能を保障
> ③　医療保険の変形型
> 　→入院給付金に60日間の免責を付帯でき、以降の就業不能を保障
> ④　大手生保などの総合型商品の特約
> 　→死亡や医療など他の保障と組み合わせる大手生保の総合型商品

各社の商品をその仕組みから分類・比較したものが図表1である。

図表 1　就業不能保険の分類——仕組み編

分　類	保険会社「商品名」	給付条件等
①就業不能保険／単体商品	日立キャピタル損害保険「リビングエール」	病気やケガで入院または医師の指示による自宅療養により「いかなる業務（仕事）にも全く従事できない状態」
	ライフネット生命「働く人への保険2」	継続入院、医師の指示を受け自宅等で在宅療養をしている状態
	アフラック「給与サポート保険」	継続入院、医師の指示を受け自宅等で在宅療養をしている状態、公的年金障害等級2級以上またはそれに該当している状態
	日本生命「もしものときの…生活費」	継続入院、在宅治療、公的年金障害等級2級以上 ※特約で精神疾患保障

1　就業不能保険の分類

②収入保障保険（死亡保険）とセット	三井住友海上あいおい生命「&LIFE 新総合収入保障Ⅲ型」	公的年金障害等級2級以上（精神疾患は1級以上）、要介護2以上
	ソニー生命「生活保障特則14」	身体障害者手帳1～3級、要介護2以上
	東京海上日動あんしん生命「家計保障定期保険NEO就業不能保障プラン」	5疾病
	チューリッヒ生命「収入保障保険プレミアム」	5疾病／所定の高度障害／所定の身体障害／所定のストレス性疾患
③医療保険変形型	チューリッヒ生命「くらすプラス」	5疾病／所定の高度障害／所定の身体障害／所定のストレス性疾患
④大手生保などの総合型商品	住友生命「生活保険1 UP」	公的年金障害等級2級以上、要介護2以上
	太陽生命「働けなくなったときの保険（就業不能収入保障保険）」	3大疾病・ケガによる就業不能30日以上、要介護2以上など

❷　給付条件編

次に給付条件の違いで分類する。

なお、要介護認定については以下の条件にプラスする形で給付条件になっている商品が多い。

①	継続入院ならびに医師の診断
②	公的年金の障害等級
③	身体障害者手帳の等級
④	特定の疾病に限定している商品

各社の商品をその給付条件から分類・比較したものが図表2である。

第四章　就業不能保険の分類と分析

図表 2　就業不能保険の分類──給付条件編

給付条件	保険会社「商品名」	継続入院	医師の診断による就業不能状態	身体障害者手帳の障害者等級	公的年金制度の障害等級	公的介護制度の要介護認定	特定疾病
継続入院・医師の診断	日立キャピタル損害保険「リビングエール」		○	—	—	—	—
	ライフネット生命「就業不能保険 働く人への保険2」		○	—	—	—	—
	アフラック「給与サポート保険」		○	—	1級・2級	—	—
	日本生命「もしものときの…生活費」		○	—	1級・2級	—	—
	富国生命「就業不能特約(はたらくささえ)」		○（給付期間最長5年まで）	—	—	—	—
公的年金の障害等級	三井住友海上あいおい生命「&LIFE 新総合収入保障Ⅲ型」	—	—	—	1級・2級（※a）	要介護2以上	—
	住友生命「生活保険1UP」	—	—	—	1級・2級	要介護2以上	—
	プルデンシャル生命「就労不能障害保険」	—	—	—	1級・2級（3級は30%）	—	—
身体障害者	ソニー生命「家族収入保険（生活保障特則14）」	—	—	1級・2級・3級	—	要介護2以上	—

64

	商品						
手帳	明治安田生命「生活費ロングサポート（生活サポート終身年金特約）」	—	—	1級・2級	—	要介護3以上	—
特定の疾病	東京海上日動あんしん生命「家計保障定期保険NEO就業不能保障プラン」	△（5大疾病のみ）	—	—	—		5大疾病※b
特定の疾病	チューリッヒ生命「収入保障保険プレミアム（ストレス性疾病保障付就業不能保障特約）」	△（5大疾病のみ）	—	—	—		5大疾病※b
特定の疾病	チューリッヒ生命「くらすプラス（無解約払戻金型終身医療保険）」	△（5大疾病のみ）	—	—	—		5大疾病※b
特定の疾病	太陽生命「働けなくなったときの保険（就業不能収入保障保険）」	△※c	—	—	—	要介護2以上	3大疾病および災害により30日以上の継続入院
特定の疾病	第一生命「インカムサポート（特定状態収入保障特約）」					要介護2以上	●がん：医師による診断時 ●急性心筋梗塞・脳卒中：60日以上の労働制限

※a　72頁参照

※b　5大疾病＝ガン（悪性新生物）、急性心筋梗塞、脳卒中、肝硬変、慢性腎不全

※c　3大疾病および災害のみ

第四章　就業不能保険の分類と分析

❸　精神疾患編

　就業不能保険の中には、精神疾患を対象外としている商品と、短期間や一定条件の場合は精神疾患でも給付するタイプの商品とがある。

　図表3は精神疾患に対応する商品の一覧である。それぞれに給付条件や給付期間がかなり異なっている点に注目してほしい。

　たとえば、「精神疾患による継続入院または医師に診断による就業不能状態」としているもの、「公的年金制度の障害等級1級・2級」を条件にしているもの、「同1級のみ」としているもの、「特定の精神疾患による継続入院」を条件としているものなどさまざまである。

　注意点としては、医師の診断による就業不能状態の場合は免責期間60日のものと120日とがある。また、公的年金の障害等級は初診から1年半経過後からしか申請できない制度であるため、すぐに受け取れない点に注意が必要となる。それから継続入院のみを条件としているタイプは、入院しない限り受け取れない。これにも気を付ける必要がある。

　また給付期間も、2年、1年半、保険期間受け取れるものなどさまざまである。

　このように商品によって給付条件や基準がまったく異なるため、比較するのはなかなか厄介であるが、図表3では、筆者の基準による給付を受けやすいのではないかと思われる順番に並べている。

1 就業不能保険の分類

図表 3 精神疾患による就業不能を保障する商品

商　品　名	精神疾患保障	精神疾患の給付期間等
日本生命「もしものときの…生活費」	●60日以上の継続入院または精神・神経障がい等級2級以上	17回（1年5ヵ月）まで
富国生命「就業不能特約（はたらくささえ）」	●120日以上の継続入院または医師の診断	一時金30万円給付
住友生命「生活保険1UP」	●公的年金制度の障害等級1・2級に認定、または当社所定の精神障害で継続して180日以上入院	年金年額×3年分（一括払い）
チューリッヒ生命「くらすプラス」	●下記の所定のストレス性疾病で60日超以上入院 気分［感情］障害／統合失調症、統合失調症型障害および妄想性障害／神経症性障害、ストレス関連障害および身体表現性障害／摂食障害／非器質性睡眠障害／胃潰瘍／十二指腸潰瘍／潰瘍性大腸炎／過敏性腸症候群／更年期障害	2年（45歳以上のみ）、3年、5年、10年（確定年金）
チューリッヒ生命「収入保障保険プレミアム」		2年
三井住友海上あいおい生命「&LIFE新総合収入保障Ⅲ型」	●公的年金制度の障害等級1級、または障害等級1級と同等程度	保険期間

67

2 就業不能保険商品の詳細一覧表(2018年1月現在)

❶ 就業不能保険単体商品(1)

就業不能状態のみを保障する単体商品。

	保険会社	日立キャピタル損害保険	ライフネット生命
	商品名	リビングエール（長期就業不能所得補償保険）	就業不能保険 働く人への保険2
	免責期間	60日、90日、120日、180日、365日から選択	60日または180日
	割引料率有無	-	-
	支払継続要件	就業不能状態の継続	就業不能状態の継続
	保険料払込免除（条件は各社異なる。3大疾病の条件も、各社異なる点に注意）	○	○（高度障害のみ）
給付基準・精神疾患以外	継続入院	○	○
	医師の診断による就業不能状態	○	○
	いかなる職業にも従事できない状態（要件）	あり	なし
	身体障害者手帳の障害者等級	-	-
	公的年金制度の障害等級	-	-
	公的介護制度の要介護認定	-	-
	特定疾病	-	-
	その他の自社基準	-	-
	その他の特徴、給付期間	【特徴】保険期間は3年・5年から選択、更新型。・対象期間（給付期間）は5年または60歳から選択。	【特徴】標準タイプ（A型）とハーフタイプ（B型）がある。ハーフタイプは免責期間を含めて540日（1年半）給付額が半額となる。
	最低支払保証期間	-	-
精神疾患	精神疾患保障	×（※）	×
	精神疾患給付期間	×（※）	-
	妊娠・出産等	×（※）	○

※個人向け商品では付加できないがGLTDでは付加可能

2 就業不能保険商品の詳細一覧表（2018年1月現在）

❶ 就業不能保険単体商品(2)

いかなる職業にも従事できない状態（要件）がなく、入院と医師に診断による就業不能のほか、公的年金の障害等級2級以上でも給付されるのが特徴。「もしものときの…生活費」には精神疾患の特約もある。

アフラック 給与サポート保険 （就労所得保障保険〔無解約払戻金〕）	日本生命 もしものときの…生活費 （ニッセイ就業不能保険〔無解約払戻金〕）
60日	60日
-	-
当初6回分：生存していれば支払保証 7回目以降：就労困難状態の継続	当初6回分：生存していれば支払保証 7回目以降：就労困難状態の継続
×	×
○	○
○	○
なし	なし
-	-
1級・2級	1級・2級
-	-
-	-
-	-
【特徴】短期回復支援給付金（1年6ヵ月）と、長期療養支援給付金（1年半以降～）に分かれる。短期は6回分まで給付保証。	【特徴】短期療養支援給付金（17回まで）と長期療養支援給付金（18回以降）に分かれる。
6回	6回
×	○（60日以上の継続入院または公的年金制度の障害等級2級以上、精神障害者保健福祉手帳の2級以上）
-	17回まで
×	×

❷ 死亡保障（収入保障保険など）とセット(1)

収入保障保険（死亡保険）とセットの就業不能保険。健康体や非喫煙者割引があり、死亡保障とセットで加入するタイプ。「&LIFE 新総合収入保障Ⅲ型」は公的金制度の障害等級2級以上および要介護2以上、「家族収入保険」は身体障害者手帳の障害者等級3級以上および要介護2以上が給付条件。

保険会社	三井住友海上あいおい生命	ソニー生命
商品名	&LIFE 新総合収入保障Ⅲ型	家族収入保険（生活保障特則14）
免責期間	―	―
割引料率有無	○（喫煙歴等の状況、健康状態、自動車等の運転履歴に応じた割引料率）	○（非喫煙、優良体）
支払継続要件	なし（一度該当すると保険期間満了まで継続支払い）	なし（一度該当すると保険期間満了まで継続支払い）
保険料払込免除（条件は各社異なる。3大疾病の条件も、各社異なる点に注意）	○	○（所定の身体障害／特約付加で3大疾病、要介護等も免除）
給付基準・精神疾患以外 継続入院	-	-
医師の診断による就業不能状態	-	-
いかなる職業にも従事できない状態（要件）	-	-
身体障害者手帳の障害者等級		1級・2級・3級
公的年金制度の障害等級	1級・2級（※注）	-
公的介護制度の要介護認定	要介護2以上	要介護2以上
特定疾病	-	-

（72頁に続く）

2 就業不能保険商品の詳細一覧表（2018年1月現在）

❸ 死亡保障（収入保障保険など）とセット⑵特定疾病限定

　収入保障保険（死亡保険）とセットであるが5疾病による就業不能を対象としている。健康体等のリスク細分割引がある。

　「家計保障定期保険NEO」は5疾病で入院すると免責期間ゼロに。「収入保障保険プレミアム」は5疾病のほか精神疾患特約がある。

東京海上日動あんしん生命	チューリッヒ生命
家計保障定期保険NEO 就業不能保障プラン	収入保障保険プレミアム （無解約払戻金型収入保障保険、 ストレス性疾病保障付就業不能保障特約）
60日（※ただし5疾病で入院時に2ヵ月分を一時金で給付。事実上免責期間ゼロ）	60日
○（非喫煙）	○（非喫煙優良体型）
なし（一度該当すると保険期間満了まで継続支払い）	なし（一度該当すると保険期間満了まで継続支払い※ストレス性疾病を除く）
○	○（特約付加で3大疾病で払込免除）
○（5疾病のみ）	○（5疾病のみ）
○（5疾病のみ）	○（5疾病のみ）
あり（5疾病と介護）	あり（5疾病）
-	-
-	-
-	-
5疾病（ガン（悪性新生物）、急性心筋梗塞、脳卒中、肝硬変、慢性腎不全）	5疾病（ガン（悪性新生物）、急性心筋梗塞、脳卒中、肝硬変、慢性腎不全）

（73頁に続く）

第四章　就業不能保険の分類と分析

❷ 死亡保障（収入保障保険など）とセット(1)

（70頁の続き）

保険会社	三井住友海上あいおい生命	ソニー生命
商品名	＆LIFE 新総合収入保障Ⅲ型	家族収入保険（生活保障特則14）
給付基準・精神疾患以外／その他の自社基準	当社所定の就労不能状態（障害等級1・2級相当）に該当、または当社所定の生活介護状態（要介護2以上相当）が180日継続	所定の高度障害状態 当社所定の要介護状態が180日継続
給付基準・精神疾患以外／その他の特徴、給付期間	※注（障害等級2級については、次の当社所定の対象となる病気による場合のみが対象となる）悪性新生物／心疾患／脳血管疾患／糖尿病／高血圧性疾患／腎尿路系の疾患／消化器系の疾患／血液および造血器の疾患ならびに免疫機構の障害／呼吸器系の疾患	-
給付基準・精神疾患以外／最低支払保証期間	1年・2年・5年から選択	2年・5年から選択
精神疾患／精神疾患保障	○（公的年金制度の障害等級1級、または当社基準における障害等級1級程度）	×
精神疾患／精神疾患給付期間	保険期間（他の給付条件と同等）	-
妊娠・出産等	×	×

「&LIFE 新総合収入保障Ⅲ型」は公的年金制度の障害等級2級の場合、対象の傷病が一部限定されるため注意が必要。ただし1級の場合は全対象となり、精神疾患でも保険期間満了まで給付される。

② 就業不能保険商品の詳細一覧表(2018年1月現在)

❸ 死亡保障(収入保障保険など)とセット(2)特定疾病限定

(71頁の続き)

東京海上日動あんしん生命	チューリッヒ生命
家計保障定期保険 NEO 就業不能保障プラン	収入保障保険プレミアム (無解約払戻金型収入保障保険、 ストレス性疾病保障付就業不能保障特約)
当社所定の要介護状態が180日継続	-
【特徴】5疾病初期入院給付金により、入院時に2ヵ月分を一時金で給付	-
2年・5年から選択	主契約の年金支払保証期間と同じ(1年・2年・5年・10年から選択)
×	○(下記の所定のストレス性疾病で60日超以上入院) 気分[感情]障害／統合失調症、統合失調症型障害および妄想性障害／神経症性障害、ストレス関連障害および身体表現性障害／摂食障害／非器質性睡眠障害／胃潰瘍／十二指腸潰瘍／潰瘍性大腸炎／過敏性腸症候群／更年期障害
-	主契約の年金支払保証期間が1年の場合は1年、2年・5年・10年の場合は2年
×	×

❹ 医療保険の変形タイプ

医療保険に、特約で 60 日免責を付加することで、60 日以降の就業不能を保障する。

保険会社	チューリッヒ生命
商品名	くらすプラス (無解約払戻金型終身医療保険（Z02）、ストレス性疾病保障付就業不能保障特約（Z02）)
免責期間	60 日
割引料率有無	-
支払継続要件	契約時に選択した期間（2 年（45 歳以上のみ）、3 年、5 年、10 年）※確定年金
保険料払込免除（条件は各社異なる。3 大疾病の条件も、各社異なる点に注意）	〇（高度障害・不慮の事故による所定の身体障害のみ）
給付基準・精神疾患以外 — 継続入院	〇（5 大疾病のみ）
給付基準・精神疾患以外 — 医師の診断による就業不能状態	〇（5 大疾病のみ）
給付基準・精神疾患以外 — いかなる職業にも従事できない状態（要件）	あり（5 大疾病）
給付基準・精神疾患以外 — 身体障害者手帳の障害者等級	-
給付基準・精神疾患以外 — 公的年金制度の障害等級	-
給付基準・精神疾患以外 — 公的介護制度の要介護認定	-
給付基準・精神疾患以外 — 特定疾病	5 大疾病（ガン（悪性新生物）、急性心筋梗塞、脳卒中、肝硬変、慢性腎不全）

（76 頁に続く）

2 就業不能保険商品の詳細一覧表（2018年1月現在）

❺ 大手生保の総合型商品

大手生保の総合型商品。ほかの保障（死亡や医療等）と組み合わせての加入となる。

住友生命	太陽生命	朝日生命
生活保険1UP （生活障害収入保障特約）	働けなくなったときの保険 （就業不能収入保障保険）	収入サポート（5年毎利差配当付収入サポート保険）
30日（所定の要介護状態が30日継続した時点で給付）	3大疾病および災害による入院30日・要介護180日	
あり（保険金額等に応じた割引）	-	-
なし（一度該当すると年金支払期間満了まで継続支払い）	なし（一度該当すると保険期間満了まで継続支払い）	なし（一度該当すると保険期間満了まで継続支払い）
○（精神障害以外）	○	○（所定の高度障害、災害による身体障害状態）
-	○（3大疾病と災害のみ）	-
-	-	-
-	-	1級・2級・3級
1級・2級	-	-
要介護2以上	要介護2以上	要介護1以上
-	3大疾病および災害により30日以上の継続入院	-

（77頁に続く）

❹ 医療保険の変形タイプ

（74 頁の続き）

保険会社		チューリッヒ生命
商品名		くらすプラス （無解約払戻金型終身医療保険（Z02）、 ストレス性疾病保障付就業不能保障特約（Z02））
給付基準・精神疾患以外	その他の自社基準	-
	その他の特徴、給付期間	-
	最低支払保証期間	主契約の年金支払保証期間と同じ（1年・2年・5年・10年から選択）
精神疾患	精神疾患保障	○（下記の所定のストレス性疾病で60日超入院） 気分［感情］障害／統合失調症、統合失調症型障害および妄想性障害／神経症性障害、ストレス関連障害および身体表現性障害／摂食障害／非器質性睡眠障害／胃潰瘍／十二指腸潰瘍／潰瘍性大腸炎／過敏性腸症候群／更年期障害
	精神疾患給付期間	主契約の年金支払保証期間が1年の場合は1年、2年・5年・10年の場合は2年
	妊娠・出産等	×

② 就業不能保険商品の詳細一覧表（2018年1月現在）

❺ 大手生保の総合型商品

(75頁の続き)

住友生命	太陽生命	朝日生命
生活保険1UP (生活障害収入保障特約)	働けなくなったときの保険 (就業不能収入保障保険)	収入サポート（5年毎利差配当付収入サポート保険）
当社所定の就労不能状態（障害等級1・2級相当）に該当、または当社所定の要介護状態（要介護2以上相当）が180日継続	当社所定の就業不能状態（日常生活2項目が全部または一部介助など）が180日継続	要介護について、所定要件なし（認定が必要）
-	-	-
5年	-	-
○（公的年金制度の障害等級1・2級に認定、または当社所定の精神障害で継続して180日以上入院）	×	メンタル疾患給付金（所定のメンタル疾患の治療を目的とする入院を60日継続したとき、一回のみ給付） ※「うつ病」「躁うつ病」「統合失調症」等
年金年額×3年分 （一括払い）	-	一時金 （給付額は設定可能）
-	×	×

太陽生命より、2018年4月1日改定・新型商品について発表あり。
　支払要件を拡大し、3大疾病に限らずすべての病気（精神疾患を含む）やケガを原因とする就業不能状態が30日継続した場合に「早期就業不能給付金」を支払う。また所定の就業不能状態が180日継続した場合には、「就業不能年金」を保険期間満了まで支払う。

第四章　就業不能保険の分類と分析

❻ 保障内容が限定的な総合型商品(1)

保障範囲が限定的なものとなっている。

	保険会社	富国生命	プルデンシャル生命
	商品名	はたらくささえ （就業不能特約）	就労不能障害保険
	免責期間	120日	-
	割引料率有無	-	-
	支払継続要件	5年（生存している限り）	
	保険料払込免除 （条件は各社異なる。3大疾病の条件も、各社異なる点に注意）	○ （7大疾病と移植術）	○
給付基準・精神疾患以外	継続入院	○ （給付期間最長5年まで）	-
	医師の診断による就業不能状態	○ （給付期間最長5年まで）	-
	いかなる職業にも従事できない状態（要件）	あり	
	身体障害者手帳の障害者等級	-	-
	公的年金制度の障害等級	-	1級・2級 （3級は30%）
	公的介護制度の要介護認定	-	-
	特定疾病	-	-
	その他の自社基準	-	高度障害、当社所定の就業不能状態に該当し540日以上
	その他の特徴、給付期間	給付期間は5年間のみ	-
	最低支払保証期間	-	-
精神疾患	精神疾患保障	○（一時金30万円給付）	×
	精神疾患給付期間	一時金30万円給付	-
	妊娠・出産等	○（一時金30万円給付）	×

❻ 保障内容が限定的な総合型商品(2)

以下の2商品は古くからある歴史ある商品。

第一生命 インカムサポート (特定状態収入保障特約)	明治安田生命 生活費ロングサポート (生活サポート終身年金特約)
-	-
-	-
有期確定年金	終身年金
○	○
-	-
-	-
-	-
-	1級・2級
-	-
要介護2以上	要介護3以上
・がん：医師による診断時 ・急性心筋梗塞・脳卒中：60日以上の労働制限 ・所定の身体障害状態（例：心臓にペースメーカー、人工透析、人工肛門ほか所定の自社基準） ・当社所定の要介護状態（要介護2以上相当）が180日継続	-
年金支払期間は、5年・10年・15年の有期年金、65歳満了または70歳満了の有期年金から選択	終身年金
-	-
×	×
-	-
×	×

第五章 精神疾患による就業不能リスク

　本章では、精神疾患などメンタルリスクに焦点をあて、メンタルリスクによる就業不能の実態や就業不能保険のメンタルリスクへの対応状況を解説する。
　ならびに、2015年12月1日から企業に義務化された「ストレスチェック実施」など、企業のメンタルヘルス対策を含めた、就業不能リスクの現状を検証していく。

第五章　精神疾患による就業不能リスク

1　ビジネスパーソンの抱えるストレスとは

　チューリッヒ生命では、全国 1,000 人の有職者を対象に、「ビジネスパーソンの抱えるストレスについて」の調査を実施しており、大変興味深い結果が公表されているので、本書でも紹介する（図表 1 参照）。

図表 1 「ビジネスパーソンの抱えるストレス」チューリッヒ生命アンケート調査
（2017 年 5 月 25 日同社プレスリリースより抜粋）

> チューリッヒ生命がビジネスパーソンの抱えるストレスを全国一斉調査。
> 7 割以上がストレを抱え、働く人の 5 人に 1 人がストレスを起因とした休職を経験
>
> 現代の日本はストレス社会と言われており、最近では「パワハラ」、「ブラック企業」、「働き方改革」といった言葉を日常的に耳にするようになっている。
> 調査では現在ビジネスパーソンが抱えているストレスの有無のほか、ストレスの原因や発散方法に関するアンケートも実施。ストレスを抱える原因や、職場・上司に対する、本音が明らかになるとともに、早急対策の必要性を感じる結果となった。
>
> ●ポイント 1
> ビジネスパーソンの約 7 割がストレスを抱えている。原因トップは上司との人間関係！？
>
> ●ポイント 2
> 2 割以上の人がストレスを原因とした休職を経験。数ヵ月休職する人も約 1 割に。
>
> ●ポイント 3
> 必要だと思われるストレスでの入院日数は平均 22.7 日！？実際は 29.1 日にも及び、想像と現実のギャップが浮き彫りに。

① 勤め先でのストレス感

　勤め先においてどの程度ストレスを感じているのか、という質問には、男は25.4％、女性31.6％が「非常にストレスを感じている」と回答。また「非常にストレスを感じている」、「ややストレスを感じている」を合わせると、男性は72.6％、女性では75.6％と、多くの人が日々ストレスを感じている現状が浮かび上がっている。

　また男性よりも女性のほうがストレスを感じているほか、年代別性別では、男性50代が80.0％、女性40代が80.8％と最も高く、責任が重くなる中高年以降が、キャリア等で悩むなどストレスが多い年代と言える。

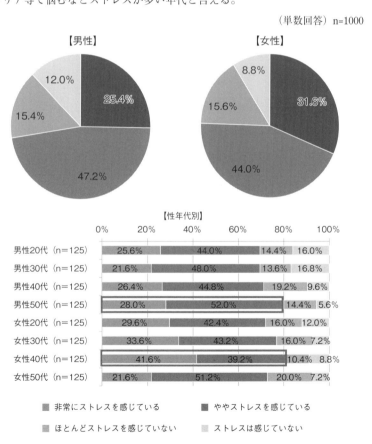

② ストレスの原因

　勤め先でストレスの原因は、1位「上司との人間関係」39.7％、2位「仕事の量が多い」、「給与や福利厚生などの待遇面」28.8％などとなっている。

n=896

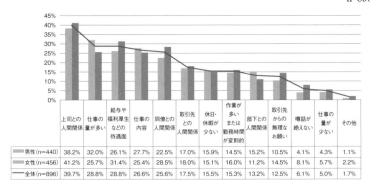

	上司との人間関係	仕事の量が多い	給与や福利厚生などの待遇面	仕事の内容	同僚との人間関係	取引先との人間関係	休日・休暇が少ない	作業が多いまたは勤務時間が変則的	部下との人間関係	取引先からの無理なお願い	噂話が絶えない	仕事の量が少ない	その他
男性(n=440)	38.2%	32.0%	26.1%	27.7%	22.5%	17.0%	15.9%	14.5%	15.2%	10.5%	4.1%	4.3%	1.1%
女性(n=456)	41.2%	25.7%	31.4%	25.4%	28.5%	18.0%	15.1%	16.0%	11.2%	14.5%	8.1%	5.7%	2.2%
全体(n=896)	39.7%	28.8%	28.8%	26.6%	25.6%	17.5%	15.5%	15.3%	13.2%	12.5%	6.1%	5.0%	1.7%

③　どのような職場であればストレスが減るのか

　全体の1位は「給料が高い」47.9％、2位「仕事にやりがいがある」46.4％、3位「会社の居心地が良い」42.7％となっている。
このほか、20代男性では22.4％が「上司が怒らない」と回答し、20代女性は26.4％が「オフィスが綺麗、またはオシャレ」と回答している。

（複数回答）n=1000

	全体		男性		女性	
1位	美味しい物を食べる	43.7%	身体を動かす	37.2%	美味しい物を食べる	55.2%
2位	睡眠・休息をとる	35.7%	美味しい物を食べる	32.2%	睡眠・休息をとる	41.8%
3位	身体を動かす	33.4%	趣味に没頭する	30.0%	身体を動かす	29.6%
4位	趣味に没頭する	29.0%	睡眠・休息をとる	29.6%	趣味に没頭する	28.0%
5位	お酒を飲む	21.9%	お酒を飲む	23.6%	買い物をする	26.6%

④ ストレスで仕事を休んだことがある人

　ストレスが原因で仕事を休んだことがある人は20.3％。約5人に1人という結果となった。

（単数回答）n=1000

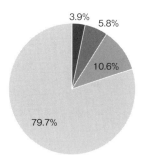

■1年以上休職したことがある ■数ヵ月（1年内）休職したことがある ■数日休んだことがある ■ない

⑤　会社をズル休みしたことは？

　興味深い質問である。結果は、全体では19.6％の方が「ある」と回答。性年代別では女性40代が最も多く30.4％となっている。

　①の勤め先でのストレス感でも、40代女性が80.8％と最も多かったので、40代女性はストレスを抱えやすい世代と言えるかもしれない。

（単数回答）n=1000

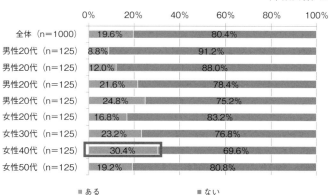

⑥ 働けなくなった時の備え

　女性のほうが、働けなくなった時のために「貯金」をしている人が多く、また、男性は「投資」や「投資信託」をしている人が多くなっている。一方で「特に無し」が36.7％いる。3人に1人は備えていないのが現状である。

（複数回答）n=1000

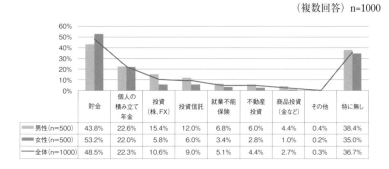

	貯金	個人の積み立て年金	投資(株、FX)	投資信託	就業不能保険	不動産投資	商品投資(金など)	その他	特に無し
男性(n=500)	43.8%	22.6%	15.4%	12.0%	6.8%	6.0%	4.4%	0.4%	38.4%
女性(n=500)	53.2%	22.0%	5.8%	6.0%	3.4%	2.8%	1.0%	0.2%	35.0%
全体(n=1000)	48.5%	22.3%	10.6%	9.0%	5.1%	4.4%	2.7%	0.3%	36.7%

⑦ 「就業不能保険」を知っているか

　66.6％の人が「聞いたことがない」と回答。また「聞いたことはあるが、内容は知らない」人を合わせると、87.4％の方が就業不能保険について「知らない」ことになる。

（単数回答）n=1000

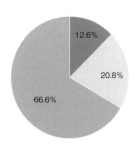

マツコデラックスさんに悩みを聞いてほしい？ _Column 3_

　チューリッヒ生命のアンケートでは、このほかにも、「仕事のストレスの話を聞いてほしいと思う有名人は？」など、興味深い質問をしており、男性芸能人ではマツコデラックスさんやタモリさんなどの名が挙がっている。そのほか、親しみやすいキャラクターで、テレビ番組で司会をしている人などがランクインした。

　これらのランキング詳細や、その他の質問の結果なども含め、**付録資料1（168頁）に記載しているので参考にしてほしい。**

2　個人型商品における精神疾患への対応の現状

　働けなくなる理由にはさまざまなものがあるが、その中でも「精神疾患」による就業不能リスクは、今まさに社会問題と言っていいと思う。

　そして、個人向けの就業不能保険における精神疾患リスクへの保障は、以下の就業不能保険にそれぞれ付帯されている。

　多数の就業不能保険商品がある中で、下記商品（図表2参照）のみという現状を考えると、必ずしも十分とは言えない。

　今後、改定や改善がなされていくことに期待したいところである。

図表 2　精神疾患による就業不能に対応する就業不能保険

保険会社名	商品名	精神疾患による就業不能時の給付内容
チューリッヒ生命	収入保障保険プレミアム	所定のストレス性疾患（※）で60日以上の入院、または医師の指示による在宅治療で職種を問わずすべての業務に従事できない状態が60日を超えて継続したと診断された時に、2年まで給付
	くらすプラス	
日本生命	もしものときの…生活費	60日以上の入院、または障害年金等級1・2級、精神障害者保健福祉手帳1級・2級で、1年5ヵ月まで給付
住友生命	生活保険1UP	障害等級1・2級相当で、3年分を一時金で給付
三井住友あいおい生命	&LIFE 新総合収入保障Ⅲ型	障害年金等級1級で保険期間終了まで給付

※所定のストレス性疾患については第四章67頁参照

3 精神疾患による労災請求の現状

　厚生労働省では、過重な仕事が原因で発症した脳・心臓疾患や、仕事による強いストレスなどが原因で発病した精神障害の状況について、2012年から労災請求件数や、「業務上疾病」と認定し労災保険給付を決定した支給決定件数（図表3参照）などを年1回、取りまとめている。

　そして2017年6月に公開した「平成28年度『過労死等の労災補償状況』」（厚生労働省）によると、労災による精神障害については、図表3のような内容となっている。

　これらはあくまで「労災」による精神障害の実態であるが、請求件数が年々増加傾向にあることがわかる。

　精神疾患の原因が労災と認定されれば、労災保険から「休業（補償）給付」が支給される。

　なお、休業（補償）給付で受けられる金額は、給与の8割となっている。

　また、1年6ヵ月経過後は「傷病（補償）年金」が支給される。

　企業にとっては、こうした事態が発生しないよう職場環境を整え、従業員

図表 3 精神障害の請求、決定および支給件数の推移

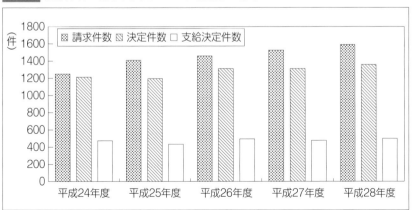

厚生労働省「平成28年度『過労死等の労災補償状況』」より

第五章　精神疾患による就業不能リスク

のメンタルリスク対策をいかに取るかということが課題となる。

　ただし、実際の精神疾患のリスクは労災とは限らない。

　たとえば環境の変化、年齢的な体調の変化、ほかの病気等により二次的に発生する場合などさまざまな理由がある。

4 ストレスチェック実施の義務付け

2015年12月1日から、従業員50人以上の全事業場に対して「ストレスチェック実施」が義務付けられた。その主な概要は図表4のとおり。

図表 4 ストレスチェック実施の概要

- 労働安全衛生法に基づき常時50人以上の労働者を使用する事業場ごとに「衛生委員会」設置が義務付けられ、この衛生委員会がストレスチェック制度の実施方法を調査審議する。
- 事業者は、「ストレスチェック制度担当者」、「ストレスチェックの実施者」、「実施事務従事者」を選ぶ。
  「ストレスチェックの実施者」は事業場または委託先外部機関の医師、保健師、一定の研修を受けた看護師、精神保健福祉士でなければならない。標準的な調査票として「職業性ストレス簡易調査票（57項目）」の使用が推奨されている。
- ストレスチェックの結果は、実施者または実施事務従事者から受検者本人に通知する。
- 高ストレス者には医師による面談指導を実施する。これを通じてストレスへの気付きと対処法などセルフケアの方法を指導する。
- 事業者は面接指導を行った医師から、面接対象となった労働者の就業区分や配置転換、休業の必要性の有無など、就業上の措置について意見を聞く（1ヵ月以内に実施）
- 医師の意見を聞き、業務上の措置（労働時間の短縮、就業場所の変更等の措置など）を講じ、衛生委員会へ報告する。医師からの意見聴取後1ヵ月をめどに遅滞なく実施する。
- 本人の同意を得て取得したストレスチェックの結果を5年間保存する。

※その他、ストレスチェック結果を一定規模の集団ごとに集計・分析する。集団分析結果を勘案し必要に応じて適切な措置を講じる等。

5 企業のストレスチェック対策の重要性とGLTD

　現在、各企業にとって、ストレスチェックの実施やメンタルヘルス対策など、従業員が安心して働ける職場を整える環境づくりが急務となっている。特に人材不足が叫ばれている昨今、こうした環境の有無が人材採用にも大きく影響する時代にもなっている。

　各個人が加入する就業不能保険では、精神疾患により働けなくなった時のリスクを保障する商品は、まだ一部だけである。

　それでも収入減となるリスクを少しでもカバーできるのは、それなりにメリットとなる。

　しかし、実際に精神疾患で働けなくなった人にとっては、収入の確保だけでなく、メンタルヘルスサポートや職場復帰への支援など、総合的なサポートがあればさらに理想的である。

　こうした、収入減の補償のみにとどまらない総合的な補償を兼ね備えているのが、GLTD（団体長期障害所得補償保険）である。

　GLTDは企業の従業員（役員・職員）が病気やケガで長期の休職を余儀なくされ、その結果、減少してしまった所得を長期間にわたって補償する保険である。

　詳しい概要は**第六章**で述べるが、GLTDは損害保険分野の、企業や団体向け商品であり、個人個人が加入する就業不能保険とは異なる。

6 従業員のメンタルリスクに対する GLTD

　図表5・6を見ていただけばわかるとおり、精神疾患で給付金を受けた人の件数割合は6割を超えている。

　メンタルリスクは、従業員個人にとってはもちろん、企業にとっても、貴重な人材を失う大きな損失に繋がりかねない。メンタルリスクも含めた就業不能時の補償が確保されていることは、企業・従業員の双方にとっても大きなメリットとなる。

図表 5 GLTD 保険金給付実績分布

分類	傷病分類名	件数	割合
C	新生物（癌・腫瘍）	480 件	12.41%
M	脊髄・椎間板系	211 件	5.46%
I	脳血管疾患、循環器・心疾患	210 件	5.43%
S・T	骨折・損傷系	178 件	4.60%
O	産婦人科系	71 件	1.84%
K	消化器系	41 件	1.06%
J	呼吸器系	14 件	0.36%
その他	その他	278 件	7.19%
F	**精神疾患**	**2,385 件**	**61.66%**
総計		3,868 件	100.00%

日立キャピタル損害保険（2017年3月集計）より

第五章　精神疾患による就業不能リスク

図表 6　傷病別割合（全データ）

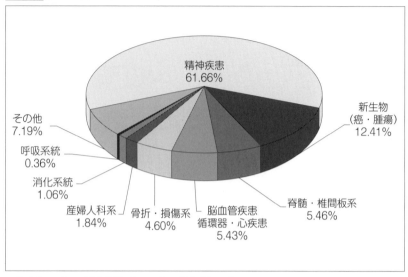

日立キャピタル損害保険（2017年3月集計）より

第六章 GLTD（団体長期障害所得補償保険）の概要

本章では、企業や団体に向けた商品であるGLTD（団体長期障害所得補償保険）の現状と仕組み、導入パターン、どのような契約プランが選ばれているかなどを具体的に説明していく。

第六章　GLTD（団体長期障害所得補償保険）の概要

1　GLTD（団体長期障害所得補償保険）の現状

　GLTDは、本書前半で述べてきた「個人向け就業不能保険」の問題点や課題の多くについて、解決できる仕組みを持っている。

　個人向けの商品ももちろん大切ではあるが、しかし日本の各企業や団体がこのGLTDを積極的に取り入れていれば、個人での保障準備は不要となることはもちろん、企業にとっても働く人を支える制度として企業の価値を高め、また社員にとっては安心して働ける職場となり、企業と社員の双方にメリットがある。

　また、それだけでなく、GLTDは給付金を受けた人に職場復帰を促すサポート体制も備えている。働けなくなった時の保障にプラスして、健全に職場復帰できるまでを支えることも、その仕組みの一環となっており、社会的意義の高い保険であると言える。

　しかしながら、日本においては未だ普及率が低く、米国の普及率にはほど遠い。もちろん、米国では公的保険による就業不能保障がないため各社や団体が積極的に導入した背景があるが、公的保険を有する日本でも就業不能時の保障が万全というわけではなく、不足する分を自分たちで補う必要がある。さらに、米国におけるGLTDは、最低限の生活を保障するというより、健康時の所得水準、ひいては生活水準を維持する目的で導入されており、日本の公的保所のあり方とは、スタンスが異なる部分もある。

　また、これまで日本での普及が遅れている背景には、就業不能というリスクに対して、社会全体として認識が低かったこともあると思う。消費者側もよくわかっていなかったことに加え、それ以上に保険会社を始め、保険商品を取り扱う募集人や保険代理店も、これまで積極的に販売してこなかった背景があると感じる。そのため、販売する保険会社において、この商品への認識が深い人は必ずしも多くはないという現状がある。

　しかし、医療の進歩や平均寿命が進む中で、働けないリスクは今後より一層深刻になり、この分野の補償は必須なものとなっていく。

特に、法人商品を積極的に取り扱う損害保険募集人や保険代理店の方々には、是非 GLTD の取扱いにチャレンジしてほしい。

GLTD は生保？損保？　　　　　　　　　　　　　　　　　　　*Column 4*

> GLTD は従業員の就業不能時に活躍する保険なので、一見するとヒトを保障する保険のイメージがあり、生命保険分野の商品にも思える。しかし、給料そのものを補償の対象としていることから、損害保険のほうが相応しいと言える。日本で古くから所得補償保険として取り扱われてきていることも含め、GLTD は生命保険会社ではなく損害保険会社での取扱いが適していると感じる。
> 　また、GLTD は民間の保険商品であるが、公的制度の傷病手当金と運用イメージが近い面がある。そのため、保険を買っていただく・販売する、というよりも、新しい人事制度の導入をご提案する、というイメージで紹介するほうがいいだろう。
> 　弔慰金制度の背景に総合福祉団体定期があるように、長期障害所得補償制度導入の背景に GLTD が活用されている感覚だ。

第六章　GLTD（団体長期障害所得補償保険）の概要

2　GLTD の仕組み

GLTD の仕組みや概要について順を追って説明していく。

❶　GLTD とは？

GLTD とは、法人向けの長期障害所得補償保険で、通称 GLTD（Group Long Term Disability）と呼ばれる。

GLTD は、企業の役職員が病気やケガで長期の休職を余儀なくされ、その結果、減少してしまった所得を長期間にわたって補償する保険である。

❷　契約者の要望に合わせていろいろな加入方式を選択できる

GLTD の契約主体は企業や組合等の団体であるが、加入方式は契約者である各団体の要望に応じて選択できる（図表 1 参照）。

図表 1　契約者の要望に合わせた加入方式

ケース1	団体が保険料を全額負担する全員加入方式
ケース2	役職員の自助努力の制度として導入する任意加入方式
ケース3	ケース1とケース2の組み合わせ

「GLTD（団体長期障害所得補償保険）を活用した新しい福利厚生制度構築のご案内」より（〜図表 2・4 同）

> 給付条件
> ① 団体が保険料を負担して構成員全員を被保険者とする「全員加入方式」
> ② 役職員が保険料を負担して加入する「任意加入方式」
> ③ 「全員加入方式と任意加入方式の組合せ」

❸ 告知書は、団体の一括告知

団体契約の全員加入部分においては、団体の一括告知で引き受ける。個人ごとの健康告知はもらわない。

契約時点で休職中の人を除き、全員の保険加入が可能。ただし、任意加入部分については、個別告知が必要となる。

❹ 既往症を持つ人も補償対象となり得る

既往症（始期前治療）が補償対象とならないケースは、「就業障害の原因となった疾病・傷害と、始期（責任開始期）前に発症した疾病・発生した事故によって被った傷害とが、継続した同一の疾病・傷害（または同一とみなせる疾病・傷害）である場合」となる。

たとえば、既往症（始期前治療）の取扱いを「始期前・12ヵ月／始期後・12ヵ月」とした場合、支払対象における保険会社の有責・無責は、図表2のとおり、初診や発病が契約始期前に起こっていても、就業不能の開始が契約始期後12ヵ月経過後である場合には、支払対象となる。

個人向けの所得補償保険の場合、始期前／始期後の取扱いは無制限／無制限となっており、契約時には個別に告知書の提出が求められるので、既往症については告知の内容によって謝絶（引受不可）となるか、部位不担保（既往症の疾病群について不担保とする）の条件での引受けとなることが多い。

第六章 GLTD（団体長期障害所得補償保険）の概要

図表 2 支払対象における保険会社の有責・無責

ケース	始期前12ヵ月	保険始期（初年度加入日）	始期後12ヵ月	始期前治療の取扱いと有無責 GLTD 12/12	始期前治療の取扱いと有無責 個人向け 無制限/無制限
ケース1	△ ●		▲	×	×
ケース2	△	●	▲	×	×
ケース3	△ ●		▲	×	×
ケース4		△ ●	▲	○	×
ケース5	△	●	▲	○	×
ケース6	△ ●		▲	○	×

△＝発病　●＝初診　▲＝就業障害開始　○＝有責　×＝無責

※保険会社や各企業（団体）等の条件によって異なる場合がある

3　GLTD に付帯できる主な特約

　GLTD に付帯できる代表的な特約には、以下のようなものがある（図表3参照）。

　実際には保険会社によって異なり、下記の特約を付帯できない保険会社もある。GLTD を取り扱う際には、各社に確認が必要となる。

図表3　GLTD に付帯できる主な特約例

特　　約	内　　容
①　天災危険補償特約 （GLTD 付帯率：70.9％）※	普通保険約款で保険金の支払対象外となっている地震、噴火、または津波によって被った身体障害による就業障害について保険金を支払う特約
②　精神障害補償特約 （GLTD 付帯率：90.8％）※	普通保険約款で保険金の支払対象外となっている精神障害による就業障害のうち、気分障害（そう病、うつ病など）、不安障害、統合失調症などの一部の精神障害について最長2年間、保険金を支払う特約
③　妊娠に伴う身体障害補償特約 （GLTD 付帯率：66.2％）※	普通保険約款で保険金の支払対象外となっている被保険者の妊娠、出産、早産または流産によって被った身体障害を原因とした就業障害について保険金を支払う特約

※表中の付帯率については日立キャピタル損害保険の2017年9月調査を参考とした

4 就業不能時の収入減のイメージ

たとえばサラリーマン等に就業障害が発生した場合、一般的な保障として、まずは有給休暇の消化、その次に健康保険組合または協会けんぽ等の傷病手当金（標準報酬月額の2／3）を最長18ヵ月間受給できる。

その後も回復しない場合、公的年金制度の障害年金の申請を行い、障害等級1～2級の認定を受けると「障害基礎年金＋障害厚生年金」が給付される。また障害等級3級の場合は「障害厚生年金」のみが給付される。

しかし、これらの公的給付だけでは、就業障害発生以前と同様の生活水準を維持することは大変難しいのが現状である。

以下（図表4参照）のような就業不能時の収入減を補てんするのがGLTDの役目となる。

図表 4 就業障害発生時の収入減のイメージ

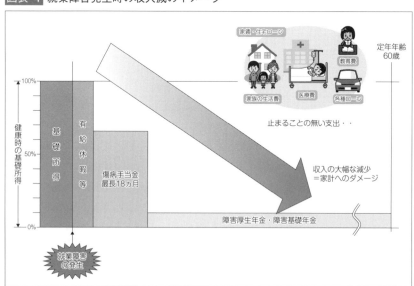

4 就業不能時の収入減のイメージ

標準報酬月額とは？　　　　　　　　　　　　　　　　　*Column 5*

　GLTDを理解し、またプランニングをしていくにあたってその基準となる基礎所得を「標準報酬月額」とするケースが多いため、ここで標準報酬月額について触れておく。

　標準報酬月額とは、原則として4月、5月、6月の収入のみを算出対象としている。たとえば3月分の給料が4月中に支払われる場合は3月、4月、5月に働いた分の給料で計算する、ということになる。その間の収入について、以下のすべてが該当する。

- 給与
- 残業代などの給与手当
- 通勤手当などの交通費
- 現物支給された報酬

　上記の合計金額（4月分＋5月分＋6月分）÷3を算出し、そこから標準報酬月額が決まる。

　具体的には、たとえば3ヵ月の収入の平均値が255,200円だった場合、付録資料2の「東京都の標準報酬月額表（平成29年度）」（※）によると、報酬月額の範囲250,000円〜270,000円に該当するので、標準報酬月額は、同表のその横の数値260,000円となる。

　なお通勤交通費は、税務上は収入に加えないが、社会保険料の算定においては加算される。そのため、遠方から通勤している人で交通費が高い人はその分、標準報酬月額も高くなる。

　健康保険料や厚生年金保険料も、4〜6月の収入から算出した標準報酬月額の等級に沿って、当年の9月から翌年の8月までの保険料が決められている。

※付録資料2「東京都の標準報酬月額と健康保険料・厚生年金保険料一覧（平成29年度）」参照（176頁）

5　GLTDの基本的な導入プランは大きく３つ

GLTDの具体的な導入方法には、大きく分けて次のようなプランがある。

❶　企業による全員加入プラン

企業の費用負担による、全員加入方式。

全員加入であることを前提に保険料は福利厚生費による全額損金扱いが可能となる。最も導入事例の多い契約方式である。

最低被保険者数は10人以上（健保加入企業の場合は5人以上）。

❷　従業員の自助努力による任意加入プラン

制度導入は認めるものの、企業の費用負担が一切認められない、という場合に活用される契約方式である。

契約主体は、企業だけではなく、労働組合や共済会等がなる場合もある。被保険者は加入希望者のみとし、保険料は従業員個人の費用負担となる。団体は契約者となるだけで保険料の負担はしない。

最低被保険者数は10人以上（更新時に10人を割り込むと契約の継続は不可）。

❸　❶・❷の混合

❶・❷の組合せで、大企業に比較的多い導入パターンである。

予算に応じて、会社加入できる範囲のみ❶の全員加入を行い、上乗せまたは延長の任意加入プランと組み合わせて運用する。

なお、会社加入部分は会社の一括告知となるが、個人加入部分は従業員個人ごとの個別の健康告知となるため、加入できない人も出ることになる。

6　GLTDの具体的な導入プラン

GLTDの具体的な導入方法には、大きく分けて次のようなプランがある。

❶　企業による全員加入、MAXプラン

まずは、最も導入事例が多いパターンの形式を見ながら説明していく（図表5）。

A＝縦軸が給与所得、横軸が時間経過を示している。

B＝就業障害が発生した場合は、まずC＝有給休暇の消化がある。これについては企業・団体等によって、有給休暇の消化後と傷病手当金の間に、会社独自の欠勤補償制度がある場合も多い。たとえば、歴史のある会社では勤続年数に応じた欠勤補償期間がある人事規程があったり、または共済会で欠勤補償制度を持っていたりなど、団体独自の福利厚生制度による給与補償を有しているケースもある。実際に設計をしていく際には、こうした点も確認していく必要がある。

C＝有給休暇や団体独自の欠勤補償の消化後、D＝傷病手当金の給付が始まる。

E＝基礎所得を「標準報酬月額」とすると、その2／3に該当する金額が、傷病手当金として最長1年半にわたり支給される。なお、このD＝傷病手当金においても健康保険組合や共済組合等で、独自の上乗せ制度や延長給付制度を有しているケースがあるので、この点も確認が必要となる。

D＝傷病手当金の1年半の期間の給付後もなお回復しない場合、公的年金制度の障害等級1級または2級に認定された場合は、F＝障害年金の給付が受けられることになる。

しかし、F＝障害年金の給付金は標準報酬月額よりも非常に低くなる可能性が高く（勤続年数や支払った厚生年金保険料等による）、その障害年金だけで元の生活水準を維持することはきわめて難しい。

第六章　GLTD（団体長期障害所得補償保険）の概要

図表 5　❶60％の定率分を定年年齢まで補償（最も導入率の高いプラン）

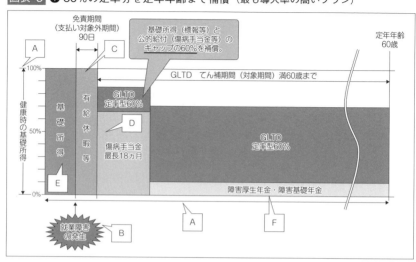

参考：日立キャピタル損害保険（〜図表9同）

　このように、働けなくなった時のリスクは非常に大きく、収入が容赦なく減少していくことは避けられない。しかも、「家賃や住宅ローン、生活費、医療費、教育費、その他のローン返済等」の支出を減少させることは困難である。収入減によって支出をコントロールすることは現実的には難しい。
　こうした収入減のリスクを補うのがGLTDの役目となる。
　また、このサンプルは、免責期間90日、てん補期間最長満60歳まで、定率60％のプランニングとなっているが、このタイプが最も導入例の多いプランニングである。GLTDはオーダーメード性が高く、多様な設計が可能な商品であるが、この設計が概ね、GLTD設計における最大の補償内容（MAXプラン）になっている。
　GLTDは給料（＝所得）を補償する保険のため、GLTD補償部分（図表5）の面積が大きいほど保険料も高くなる。
　そして、上記のMAXプランでは保険料が予算を超えてしまう場合に、次で紹介するような保険設計の調整を行うことになる。

図表 6 ❷てん補期間を調整（給付期間が短い）―予算に応じて選択するプラン

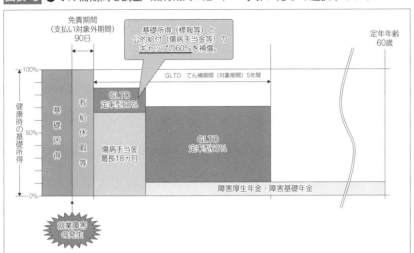

❷ てん補期間を調整するプラン

　MAXプランでは保険料が予算を超えてしまう場合に、検討いただくパターンが、てん補期間の短期化である。

　たとえば、「てん補期間を満60歳まで」としていたものを、「てん補5年間」等に短縮する、という方法である（図表6）。

　このように、てん補期間5年にすることで、MAXプランに比べ約半額程度の保険料に収まることが多い（実際には、定年時期や、個々の年齢・給与額など人事データ構成によって異なる）。

　企業や団体等による保険料負担で全員加入を前提として検討いただく場合には、顧客に保険料のイメージをつかんでいただくためにも、MAXプランと共に、てん補期間の調整（5年や3年）の設計も紹介し、保険料の変動イメージを理解しやすいように情報提供している。

第六章　GLTD（団体長期障害所得補償保険）の概要

図表 7　❸①約定給付率の調整（給付金額率が低い）―予算に応じて選択するプラン

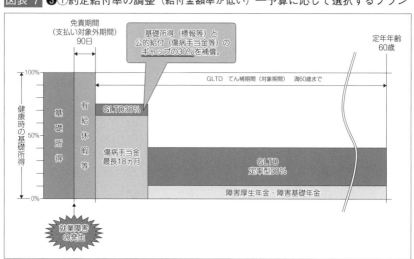

❸　任意加入との組合せに約定給付率を調整するプラン

①　約定給付率を調整するプラン

次に、てん補期間を調整する方法以外にも、「約定給付率の調整」を行うケースがある（図表7）。

約定給付率（やくじょうきゅうふりつ）とは、基礎所得に対する補償率のことで、基礎所得の何％を補償するかということである。

傷病手当金は、標準報酬月額の2／3（66.66％）を補償しているので、MAXプランではこの間、そのギャップとなる額の定率60％を補償するが、ここを定率30％へ調整し、また傷病手当終業後も、基礎所得の30％を給付するプランである。

これにより保険料は、MAXプランの概ね半額以下になる。

さらに予算に応じて定率10～20％の設計をすることも可能である。

6 GLTDの具体的な導入プラン

図表 8 ❸②企業による全員加入に従業員の任意加入を上乗せするプラン

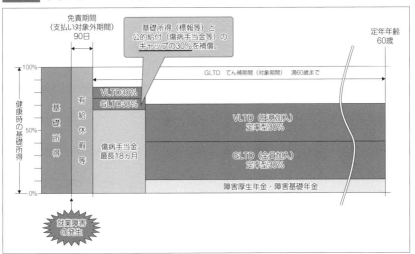

② 任意加入と組み合わせるプラン

また、実際に約定給付率を調整する場合は、任意加入のプランとの組合せが想定されていることがほとんどである（図表8）。

たとえば、会社で30％までを負担するので、残りの30％は従業員の任意加入とする、というような方法で活用する。

任意加入部分のプランは、1パターンのみではなく複数のコースを設定することも可能（図表9・10参照）。

第六章　GLTD（団体長期障害所得補償保険）の概要

図表 9　任意加入部分は上乗せ 30％

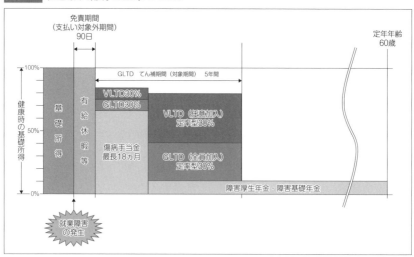

図表 10　任意加入部分は上乗せ 30％から 60％補償へステップアップ

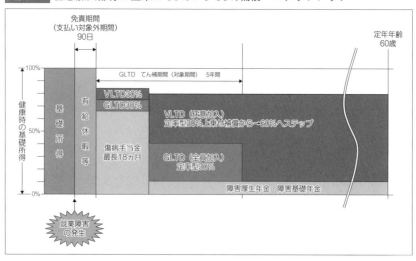

6 GLTD の具体的な導入プラン

図表 11 ❸③従業員の任意加入のみ（企業は加入機会を提供するプラン）

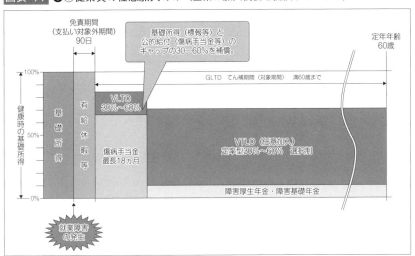

③　従業員の任意加入のみのプラン

なお、このほかにも従業員の任意加入のみのプランもある（図表11）。

任意加入のみのプランは、どうしても企業では予算化することができずに、枠組みだけを企業が準備し保険料は従業員が負担する形でGLTDの加入機会を提供するプランになる。企業が契約者、従業員が被保険者となり、保険料負担は従業員の個人個人の給与天引き等で対応し保険料の支払いは企業が一元管理して行うことが多い。組合や共済会等の団体契約でもよく採用されているプランニングである。

以下、実際に任意加入のみのプランを募集している企業のサンプルを参考に掲載しておく。

第六章　GLTD（団体長期障害所得補償保険）の概要

図表 12　任意加入のみのプランを募集する企業の例
〔募集サンプル①〕

○○○○○○社員の皆様へ　　GLTD（長期収入補償プラン）のご案内

病気やケガで長期間働けなくなった時、今ご加入の保険だけで大丈夫ですか？

長期間働けなくなったら
収入がどうなるか、
ご存知ですか？

もしも病気や事故などで死亡した場合は、公的補償や生命保険などで残されたご家族の生活を守ることができ、住宅ローンも団体信用保険により完済されるのでマイホームを手放さずすみます。しかし、もし働けなくなった場合、公的補償の障害年金を受けられるのは障害認定を受けた場合のみとなっているため支払われる可能性は低く、生命保険からの保険金だけで本当に十分でしょうか？ 収入は途絶え住宅ローンも払えなくなりマイホームを手放すことにもなりかねません。

教育費　　各種ローンの返済
家賃・住宅ローン
医療費等　　生活費

GLTD（長期収入補償プラン）（団体長期障害所得補償保険）は、あなたとご家族の生活を最長満65歳まで補償します。　※プランB選択の場合

株式会社○○○○○○○　人事部

[6] GLTDの具体的な導入プラン

〔募集サンプル②〕

GLTD（長期収入補償プラン）のご案内

○○○○○○のGLTD（長期収入補償プラン）は、病気やケガで長期にわたって休職する場合の私たちの収入に関する重要な補償プランです。○○○○○○では、○○○○年12月1日より、同補償プランを導入しました。

GLTD（長期収入補償プラン）とは、病気やケガによって休職せざるを得なくなった時、収入が失われても生活に大きなダメージを受けることのないよう、収入の一部を補償する保険です。この制度の導入は「社員の皆様が生活の心配をすることなく療養に専念できる環境を創り出し、就労復帰を支援すること」を目的としています。

休む期間が短期間であれば、有給休暇や健康保険の傷病手当金でなんとかなるかもしれません。しかしそれが長期間になってしまった場合には、生活を維持していくことが困難になります。そんな時のための備えとして、最長満65歳まで(*)私たちの収入の一部が補償される「○○○○○○社員のためのGLTD（長期収入補償プラン）」を、皆様にご案内致します。
　　　　　　　　　　　　　　　　　※プランBにご加入の場合

このプランは、○○○○○○社員を対象として作られ、団体割引の適用により保険料も割安に設定されています。

同じ補償内容に個人で加入することはできませんので、この機会にご検討してみてはいかがでしょうか。内容についてのご質問は、裏面の問い合わせ先までご連絡ください。

次頁以降でご説明いたします。

第六章　GLTD（団体長期障害所得補償保険）の概要

〔募集サンプル③〕

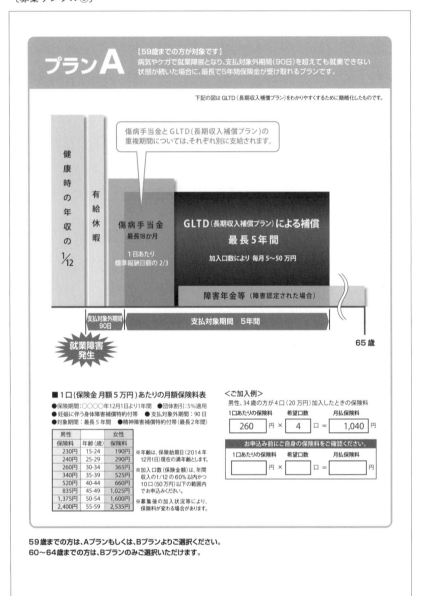

6 GLTDの具体的な導入プラン

〔募集サンプル④〕

59歳までの方は、AプランもしくはBプランよりご選択ください。
60〜64歳までの方は、Bプランのみご選択いただけます。

第六章　GLTD（団体長期障害所得補償保険）の概要

〔募集サンプル⑤〕

GLTD（長期収入補償プラン）の特長

1. 最長満65歳(注1)までの長期補償
※プランBご選択の場合
病気やケガで就業障害（※）となり、90日を超えてその状態が継続した場合、最長満65歳(注2)まで保険金をお支払いします。
(注1) 保険金支払期間は、満65歳まで・5年間よりお選びいただけます。
(注2) 就業障害発生時点で対象期間（支払対象外期間終了の翌日から満65歳までの期間）が3年に満たない場合は、最長3年間を対象期間とします。

2. いつでも、どこでも24時間補償
病気やケガの発生は、国内外を問いません。また、お仕事中に限らず休暇中等であっても補償の対象となります。

3. 復職後も引き続き補償
支払対象外期間が終わった後に仕事に復職された場合、身体障害が残ったことで就業に支障があり、就業障害発生直前と比べて収入が20％を超えて減少しているときは、その割合に応じて保険金をお支払いします。なお、復職先は問いません。

4. 精神障害も補償
気分障害（躁病、うつ病など）、不安障害、統合失調症など一部の精神障害による就業障害は補償の対象となります。ただし、保険金のお支払いは最長で24ヵ月となります。詳しくは別紙P.3「注意喚起情報のご説明・保険金をお支払いできない主な場合（支払対象外事由）」をご参照ください。

5. 簡単な加入手続き
医師による診断は不要です。所定の告知書の質問に正確にお答えいただき、お申込みいただくだけでご加入いただけます。ただし、告知の内容によっては、ご加入をお断りする場合や特別な条件をつけてお引受けさせていただく場合がございますのであらかじめご了承ください。

6. 保険料は介護医療保険料控除の対象
保険料は介護医療保険料控除（介護医療保険控除は生命保険料控除制度の一部です）の対象となります。他の介護医療保険料と合算して、年間最高4万円が所得金額から控除されます。

7. 保険金は非課税
お受取りになる保険金は全額非課税です。

（※）就業障害とは、被保険者が身体障害を被り、その直接の結果として就業に支障が生じている状態をいいます。詳しくは別紙P.1「契約概要のご説明　保険金をお支払いする場合」をご参照ください。

お 申 込 み 期 間：〇〇〇〇年10月27日(〇)～11月10日(〇)
お申込み締切り日：〇〇〇〇年11月10日(〇)
保　　険　　料：社員の皆さまの1口あたり保険料は、団体保険申込サイトまたは加入依頼書兼告知書に記載されています。

お問い合せ先
GLTD（長期収入補償プラン）についてのお問い合せ、申込みの方法など、取扱代理店である「ファーストプレイス」までお気軽にお問い合わせください。

0120-〇〇〇-〇〇〇
受付時間　9:00～17:00（祝祭日を除く月～金）

日立キャピタル損害保険株式会社
引受保険会社　日立キャピタル損害保険株式会社

First Place
株式会社ファーストプレイス
取扱代理店　株式会社ファーストプレイス

第七章 GLTD 設計時のポイントと導入分布

　第六章において、GLTDの代表的な設計ポイントである「約定給付率」と「てん補期間」によるプランニングの調整について紹介したが、このほかにも保険設計時に重要な設計要素として「免責期間」と「基礎所得」がある。
　これらを合わせた4つのポイントについて、あらためて順番に解説したうえで、どのような契約プランが選ばれているかなどを具体的に説明していく。

第七章　GLTD設計時のポイントと導入分布

1　約定給付率

❶　MAXプランと公的給付控除

　約定給付率とは、基礎所得（後記4（125頁））に対して、補償する率のことである。第六章の事例では、標準報酬月額の60％補償が標準的なプランニングであるとしたが、その背景は、GLTDの場合、保険金の給付の受取人が契約者である団体になることはなく、受取人は被保険者である従業員個人に給付される。

　保険金は"非課税"での給付となるため、所得の100％が補償されると、健康時の収入より就業不能時の収入が上がってしまうため、働かないほうが、経済的メリットがあるという状態になる。このモラルリスクを避けるため、年収の60〜80％をめどとする、というガイドラインが引かれている。

　大手の日本企業の場合、年収に占める賞与の割合が大きく、標準報酬の60％補償が、対年収に置き換えると50％の補償を割り込むケースもある。この場合、各保険会社では年収の60〜80％までをめどに補償設定することをガイドラインとしているため、標準報酬に対しては80〜100％程度の補償を認めるというケースもある。

　また、定率プランの場合「公的給付控除あり」という形での設計をするのが一般的となる。公的給付控除とは、基礎所得から公的給付額を控除し、その差額に対して定率を掛けた金額を給付する。なお、公的給付控除の対象となるのは、傷病手当や労災給付、障害年金等などである。

> 例　1
> 【GLTDの補償対象とする基礎所得を標準報酬月額とし、給付定率60％とする場合（MAXプラン）】
> ●傷病手当金給付中の収入額は——▶
> 　・傷病手当金：標準報酬月額の2／3（66.6％）
> 　・控除後の差額（標準報酬月額1／3（33.3％））×60％（約定給付率）

> 　　（標準報酬月額 33.3% × 約定給付率 60% = 標準報酬月額の 20%）
> ●受けられる金額は──→
> 　・傷病手当金（標準報酬月額の 66.6%）
> 　・GLTD（標準報酬月額の 20%）
> --
> ●合計 = 標準報酬月額の 86.6% の収入を確保できる。

❷ 一部復職した場合

　一部復職したケースも同様に考えて計算される。一部復職しても給与が減ってしまった場合に、差額の約定給付率分が給付される。

　具体的には、一部復職後の給与が健康時の所得の 80% を下回る場合は、回復所得と健康時の所得のギャップの 60% を、保険金として上乗せ給付する。

　このように完全復帰ではなくても、少しずつ復職していくことに対応し、給与の差額を一部補償することも GLTD の大きな特徴である。

> **例 2**
> 【健康時の月間所得が 50 万円、GLTD の約定給付率 60% の場合】
> ●就業不能時に保険金を受給する場合
> 　50 万 × 60% = 30 万円の受給が可能となる。
> ●その後、就業障害を抱えつつも一部復職して 20 万円の仕事に就いた場合
> 　失った所得の 30 万円に対して 60%（30 万 × 60% = 18 万円）が給付となる。
> 　復職時の所得 20 万円と 18 万円を合わせて 38 万円の所得となり、就業不能時の給付金（30 万円）よりも所得を増やすことになる。

　つまり、就業を再開したら保険金給付が止まるわけではなく、少しでも所得を得れば、トータルの受取額がアップしていく仕組みのため、安心して復

職にトライできる効果があり、職場復帰を早める結果にもなる。それが、GLTDは「復職を支援する保険」と言われるゆえんでもある。

医師の診断書により就業不能の診断が確認されれば、保険金を受給することはできる。しかし「ずっと家に居てはむしろ病気になってしまいそう……」という声は多い。病気やケガで働けなくなってしまった人にとって、社会復帰することが希望であり、生きる支えでもあるからだ。

もしも、復職と同時に保険金が止まってしまうような保険の仕組みであれば、復職できてもまた具合が悪くなってしまったら、という不安が拭えず、これが復職への意欲を阻害することになる。しかしGLTDは、一部復職したほうが結果的に所得を増やすことになるため、復帰しやすいという大きな効果がある。

また、たとえば復職先が、元の会社ではなく別の企業に転職をしたとしても、同様に給付される仕組みになっている。ただし、健康時の所得の80％まで所得が回復した時点で、給付は終了する。

なお、「一部復職」の取扱いについては、就業障害の定義によって取扱いが異なるため注意が必要となる。ただし、ほとんどの保険会社がデフォルトの定義をC定義としているため、ここではC定義を紹介する。

> 【C定義】
> 免責期間中 ── あらゆる業務ができない
> てん補期間中 ── 直前に従事した業務ができない

さらに発病と、就業不能のタイミングのずれや、社会保険加入期間が1年未満の従業員の退職時、役員の通勤時の事故等、公的給付が支払われないケースにおいては、公的給付の控除がなくてもGLTDだけで標準報酬の60％が給付されるため、公的給付では補えない補償もカバーできる、という設計が可能な点も特徴である。

❸ 定額プラン

　定率、ではなく「定額」とするプランもある。これは月々〇〇万円を補償する、という設計である。この場合のメリットは、シンプルさ、これに尽きる。

　ただし、定額プランを全従業員に導入すると、所得の水準が低い従業員のほうが手厚い補償を受ける形になり、むしろ不公平な設計となる見方もある。

　また、保険料計算上も定額プランのほうが高めのレート設定になっているため、合理性の観点で言えば「公的給付の控除を含めた定率プラン」のほうが理想的である。

　定率の場合、個人個人の基礎所得データを把握する必要があるため、給与データを保険会社へ提供することが難しい企業や団体などの場合は、定額のプランで設計を行うことが多い。

2 てん補期間

てん補期間とは、保険金を受け取れる期間のことである。

長期補償をメリットとするGLTDにおける最大の設計ポイントと言える。

てん補期間は、免責期間経過後から開始となる。免責期間が90日の場合は、てん補開始は91日目からである。

そして、最大のてん補期間（＝補償期間）は、各企業の定年年齢となる。そのため、満60歳までとして設計する団体が多い。しかし最近では、定年延長の動きを反映してか、てん補期間を満65歳までとする設計も増えてきている。

すべての従業員に対し、てん補65歳での設計では保険料が高騰しやすいため、既存のてん補60歳のプランに追加して、60歳以上の人用にてん補65歳のプランを増設するというプランニングもある（同一契約に複数のプランニングを含めることも可能）。また、てん補期間を〜歳満了で設計した場合、ミニマムで3年間の補償を受けることができる。

たとえば、59歳の時に就業不能となり受給を開始する場合は、満60歳で需給が打止めになるのではなく、就業不能が継続していれば免責期間経過後から3年間（〜62歳まで）保険金を受給できる。

てん補期間5年間の場合、補償対象期間が5年間になるため、保険金給付対象になった人が、仮に就業不能状態が継続していても、5年間をもって保険金の給付が満了し給付は打止めとなる。細かい設計ポイントになるが、定年年齢が60歳の企業がてん補5年間のプランを契約した場合に、定年間近の従業員がてん補5年間の保険金受給をすると少し過剰補償になり、過剰補償の分だけ保険料も割高な設計になってしまうため、下記のような組合せで設計することで、より合理性のある提案が可能になる。

```
●組合せ例
    〜54歳まで   →   てん補5年間
    55〜59歳まで  →   てん補満60歳まで
```

3 免責期間

　免責期間とは、就業障害が発生してから保険金給付になるまでの支払対象外となる期間を示す。同じ"免責期間"でも、がん保険など契約後における責任開始日までの待機期間とは意味が異なる点に注意が必要となる。

　免責期間は、90日や60日を選択する団体が多いが、前述した会社の欠勤補償制度等に合わせて任意に設定ができる（図表1・2参照）。

　定年年齢までという長期間、後ろに長い補償が特徴の保険なので、ごく初期の短期的な補償をしないことで、保険料を抑えている側面もある。

　なお、免責期間を7日や30日などでも引き受ける保険会社もあるが、一般的には免責期間90日超の期間設定で検討する団体がほとんどである。

　反面、前述したように各企業や団体によって、オリジナルの欠勤補償制度や、傷病手当の延長給付・上乗せ給付等、固有の給与補償制度が存在する場合がある。その際は団体ごとの制度に合わせた免責期間の設定が望まれる。

　なお、保険会社によっては、免責期間を「日」指定ではなく、欠勤補償の満了日や、傷病手当金の満了日として設計可能な場合もある。

　特殊な免責期間の設定になるが、この設計であれば傷病手当金の給付開始と同時、ないしは傷病手当金の給付満了と同時に保険金の給付を開始する設計が可能である。

第七章　GLTD設計時のポイントと導入分布

図表 1　欠勤補償や傷病手当金給付期間を免責とする場合①

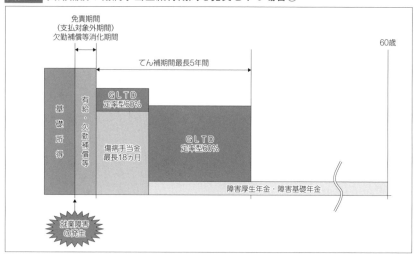

図表 2　欠勤補償や傷病手当金給付期間を免責とする場合②

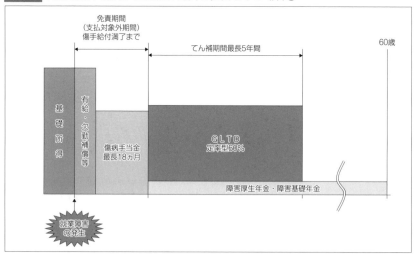

4 基礎所得

　契約者が補償対象としたい「所得」のことである。契約者の希望で任意に指定が可能となっており、日本の企業の多くは「標準報酬月額」とする設定が多い。しかし外資系企業等の場合は年俸の１／12 とする設定が多い。

　基礎所得は、団体が任意で設定できるものなので、基本給でも、月給でも、基準内賃金でもかまわない。

　たとえば、基本給＋○○手当＋○○手当＋○○手当＋○○手当……といった設定にもできる。

> **まとめ**
>
> 　GLTD は、このように「約定給付率」、「てん補期間」、「免責期間」、「基礎所得」という、4つの要素をかけ合わせる設計が可能であるため、きわめてオーダーメイド性の高い商品と言える。
>
> 　それでもポイントを押さえれば契約者の選択肢を最小限に絞ることができるので、わかりやすい選択肢を決済担当者に提示することがコツとなる。

401k と GLTD   Column 6

　確定拠出年金（401k）を導入している企業等の場合、個々の拠出金は給与から差し引かれ、その分、標準報酬月額が下がることになる。拠出金額は企業によって個々に設定できる場合もあり（限度額は月 55,000 円まで）、拠出金額が高い人ほど標準報酬月額がその分下がることになる。

　ただし GLTD では、基礎所得の設定が任意で可能であるため、この点の調整が可能である。

　一方で傷病手当金など公的制度の支給額は、「標準報酬月額の２／３」と定められているため、401k の拠出金額が高い人ほど不利になる傾向がある。このほかにも、標準報酬月額を下げてその分賞与を多くしているという企業もある。その場合も GLTD は調整が可能である。

　オーダーメイド性が高いメリットはこうした点にあり、GLTD を取り扱う際には、各企業の状況を理解し適したプランを提案することが非常に重要となる。

5 契約プランの分布

次に、実際に契約している各企業がどのようなプランを選択しているのかを見てみよう。各企業や団体がどのようなプランを選んでいるのか、その分布を紹介するので参考にしてほしい。

下記図表3の❶～❹の内容について、さまざまな設定が可能となることや、多く選ばれている内容について知っていただければと思う。

図表 3　企業プランの分布

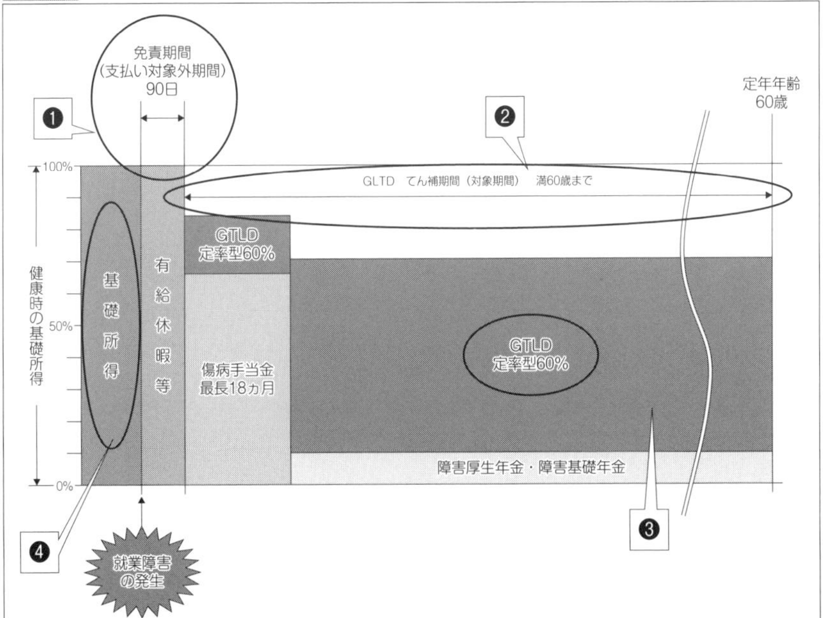

❶＝免責（支払い対象外）期間、❷＝てん補（対象）期間、
❸＝約定給付率、❹＝支払基礎所得（定率型の場合）

参考：日立キャピタル損害保険調べ（2017年3月）（～図表7同）

第七章　GLTD設計時のポイントと導入分布

❶　免責（支払対象外）期間

図表4をみると、「90日」が最も多く、次いで「180日」となっている。

「180日超」としている団体は、一定期間の休業補償制度等が存在している場合が多い。

「その他」は、傷病手当給付期間を免責期間とする等、社内規定と連動させた個別設計を行っている。

図表 4　免責（支払い対象外）期間

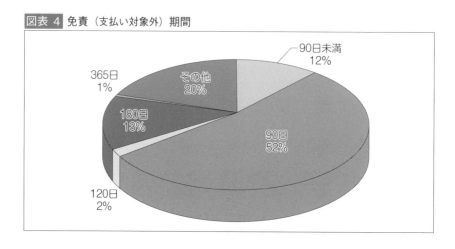

❷ てん補（対象）期間

　定年年齢を意識した「60歳まで、もしくは65歳まで」の「歳満了型」が最も多いが、「3年」もしくは「5年」の「年満了型」を導入している企業も一定程度存在する（図表5参照）。

図表5　てん補（対象）期間

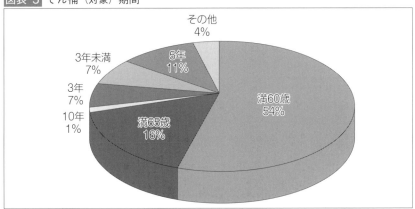

❸ 約定給付率

大半の団体（78％）が「定率型」を導入している（図表6参照）。

「定額型」を導入している団体は、契約者が共済会、労働組合等、人事データの取扱いが困難な場合が多い。また、約定給付率「60％」が最も多く、40％以下の団体は、任意加入プランとの組合せの場合が多い。

図表6 約定給付率

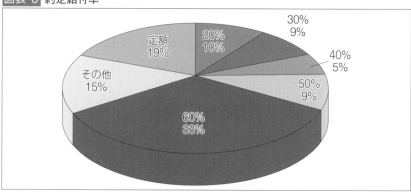

上の数字（語句）が約定給付率、下の数字は割合。

5 契約プランの分布

❹ 支払基礎所得（定率型の場合）

「健保の標準報酬月額」が最も多いが、年俸の12分の1、基本給等で設定する企業も一定程度、存在する（図表7参照）。

「社会保障の延長＝標準報酬月額」と考えるか、「現行の生活水準の維持」を意識した年間所得と考えるかによる。

外資系の場合は、特に年俸や年収ベースでの導入が多い。年俸（年収）を基礎所得とする場合、標準報酬月額と違い上限がないため最高保険金月額[1]を個別に設定する（標準報酬月額の場合は、最高額でも月額139万円のため、定率60％のプランニングの場合は、自ずと最高保険金月額は、83万4,000円の設定となる）。

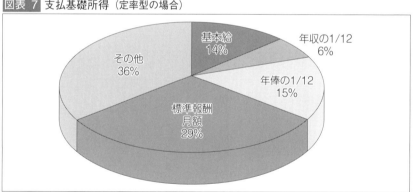

図表7 支払基礎所得（定率型の場合）

---

1) 定率プランにおいては、基礎所得の○○％補償という設計にしながらも補償額に上限のキャップを設けている。デフォルトでは上限を月額100万円に設定している保険会社が多い。

　通常は、最も所得が高い従業員の月額所得×約定給付率の金額を最高保険金額設定にするが、保険料を調整するためにこの上限設定のバーを下げて最高保険金額を設定する場合もある。

第八章 GLTD の導入事例

　本章では、各企業や団体による、GLTDの具体的な導入事例を図解で紹介する。
　さまざまな業種や従業員数の企業の導入事例があるので、参考にしてほしい。

第八章　GLTDの導入事例

1　精密機械器具製造業（2,000人）

❶　導入の背景

廃止した食費補助ファンドの有効活用方法を検討する中で、全社員平等で遠隔地勤務者にも共通の福利厚生制度を模索していた。

❷　導入のポイント

経営側と組合員双方が、Win-Winの関係を築いていくための方法として、フレームワークを提供。全員加入の部分は標準報酬月額の10%のみの補償とし、あとは任意加入部分として、「自助努力」で選んで付加してもらう仕組みとした。

また、社員として誇りを持ち、安心して活き活きと仕事に取り組んでもらうための下支えとして安心を提供。

図表1　事例1：精密機械器具製造業（2,000人）

※公的給付控除あり
（支払基礎所得額－公的給付金額）×約定給付率
＝（標準報酬月額－傷病手当金額）×約定給付率
標準報酬月額と公的給付のギャップの10〜60%を補償。

免責期間：180日

健康時の年収（賞与等を含む）

賞与
月収
有給休暇（最長40日）
有給欠勤期間

健保組合
傷病手当金
標準報酬月額の
2/3
18ヶ月

任意制度加入率：39%

＜任意上乗せAプラン＞標準報酬月額の50%を毎月補償
＜任意上乗せBプラン＞標準報酬月額の30%を毎月補償
＜任意上乗せCプラン＞標準報酬月額の10%を毎月補償
＜全員加入分＞標準報酬月額の10%を毎月補償

満60歳の誕生日まで（最低3年）

就業障害発生　欠勤期間3ヶ月　休職期間最大2年　退職

東京海上日動火災保険「GLTD制度導入事例集」より（〜図表7同）

① 精密機械器具製造業（2,000人）

❸ 導入タイプ

　第六章6❸②の図表8「❸②企業による全員加入に従業員の任意加入を上乗せするプラン」（109頁）のタイプ。

　任意加入の部分は選択制となっている。39％が任意加入をしている。

第八章　GLTDの導入事例

2　情報・通信業（70人）

❶　導入の背景

メンタルヘルス対策および福利厚生制度の充実。

❷　導入タイプ

第六章6❶の図表5「❶60％の定率分を定年年齢まで補償」（106頁）する、オーソドックスなタイプの内容となっている。

図表2　事例2：情報・通信業（70人）

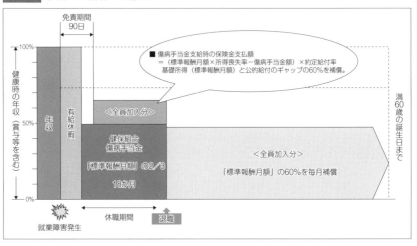

3　印刷業（190人）

❶　導入の背景

福利厚生制度の充実。
共済会が契約者。

❷　導入タイプ

第六章6❷の図表6「❷てん補期間を調整（給付期間が短い）」（107頁）タイプである。
予算に応じて補償期間を短くしている例。

図表 3　事例3：印刷業（190人）

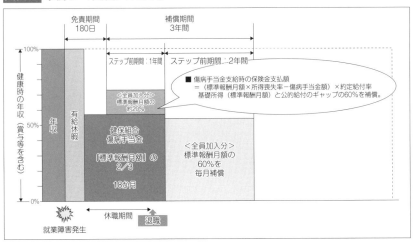

第八章　GLTDの導入事例

4　介護サービス業（1,500人）

❶　導入のポイント

- 介護事業の伸張に伴い経営課題となっていた介護職員の人材確保の解決策（福利厚生制度の充実、他社との差異化、「業界初」の導入企業としての企業イメージアップ）
- メンタルヘルス不調者への経済的補償、治療機会の提供を通じた介護職員の定着率向上策

なお、制度対象者は正社員＋「1年以上在籍し社会保険に加入している嘱託社員・契約社員」の3,000人。

❷　導入タイプ

第六章6❸②の図表8「❸②企業による全員加入に従業員の任意加入を上乗せするプラン」（109頁）のタイプ。任意加入の部分は選択制となっている。

図表4　事例4：介護サービス業（1,500人）

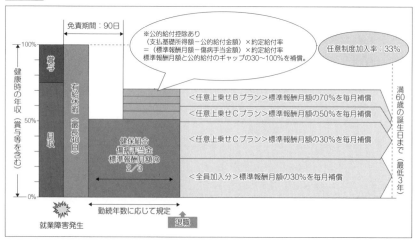

5 病院（3,800人）

❶ 導入目的

① 公平性が高い福利厚生充実による医療従事者のリテンション、リクルーティング策としてPR
② 過労休職者対策としてのリスクマネジメント
③ 医療費補助の廃止に伴う不利益変更の代替案

❷ 導入タイプ

第六章6❸②の図表8「❸②企業による全員加入に従業員の任意加入を上乗せするプラン」（109頁）のタイプ。任意加入の部分は選択制となっている。

図表 5　事例5：病院（3,800人）

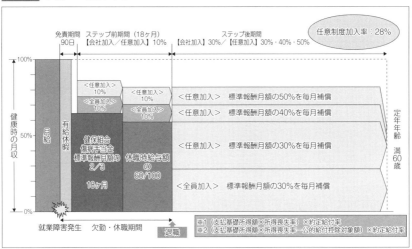

6 部品製造業（1,100人）

❶ 導入目的

① 企業合併による共済会制度の廃止に伴う代替策が必要
② メンタル疾患者の増加に伴い、安心して治療に専念できる環境を提供

❷ 導入タイプ

第六章6❸②の図表8「❸②企業による全員加入に従業員の任意加入を上乗せするプラン」（109頁）のタイプ。任意加入の部分は選択制となっている。

図表6 事例6：部品製造業（1,100人）

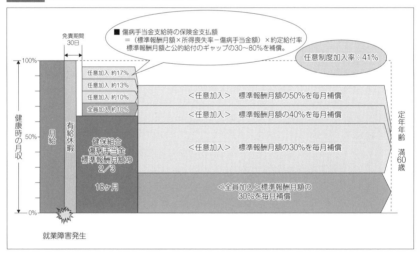

7 私立大学（600人）

❶ 導入目的

① 企業合併による共済会制度の廃止に伴う代替策が必要
② メンタル疾患者の増加に伴い、安心して治療に専念できる環境を提供

❷ 導入タイプ

第六章6❷の図表6「❷てん補期間を調整（給付期間が短い）」（107頁）タイプと同❸②の図表8「❸②企業による全員加入に従業員の任意加入を上乗せするプラン」（109頁）のタイプを組み合わせたプラン。

このような独自の設計も可能となっている。

図表7 事例7：私立大学（600人）

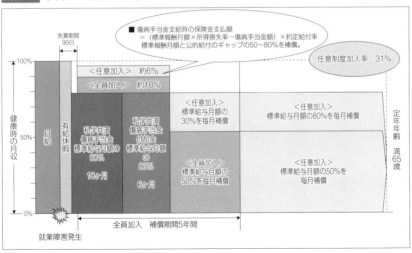

第八章　GLTD の導入事例

8　電子機器メーカー（11,000人）

❶　導入の背景

●共済事業の目玉（長期休職による収入減対策）として GLTD を導入

福利厚生組織である共済会を設立するにあたって、記念となる目玉的な事業を検討することとし事業を検討する中、万一の場合の備えはどこの共済会にもあるが、本当に必要な長期休職による収入の減少に手立てがある共済組織は、あまりないと気づき、GLTD を導入することとした。

❷　プランの特長

●全員加入部分

健康保険からの保障が厚い部分が終了してから、保険金の支払いが始まるプラン。

図表 8　事例 8：電子機器メーカー（11,000人）

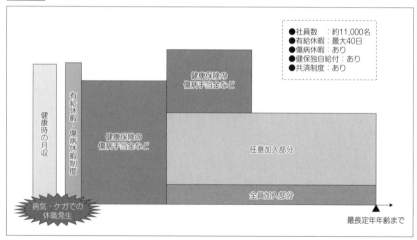

日立キャピタル損害保険「GLTD 制度導入事例集」より（〜図表 12 同）

●任意加入部分

全員加入部分の上乗せ補償として、最長定年年齢まで給与の一定割合が継続して補償されるプラン。

全員加入部分と任意加入部分を組み合わせることで、最大で給与の70％まで補償を確保できる。

以下に導入企業の声を紹介する。

> ●従業員にメリットがある共済会見舞金制度ができました
> 　共済事業として、死亡補償をはじめいろいろな補償制度がありましたが、これらは万一の場合の補償であって、休職しかも長期の休職時に減少してしまう給与を補償する制度はないと気づきました。これは休職した従業員には死活問題です。
> 　そこで、この部分の補償をするのが、真に従業員にメリットがあると考え導入を検討しました。
> 　共済会では、「傷病見舞金＝GLTDからの補償」として捉えていますので、まさに共済会制度そのものと考えて運営しています。
> ●大きな課題＜長期間休職した場合の給与の減少＞が一気に解決し、PRにも使っています
> 　長期に休職した場合に給与が減少すること、そして、それを会社制度でも社会保障でもカバーしきれないことは案外知られていません。
> 　病気やケガでただでさえ苦しいのに、給与までなくなってしまったら、生活もできませんし、住宅ローンなどの借り入れがある従業員はまさに大きなダメージを受けることになります。
> 　その点GLTDであれば、長期にわたって給与（の一部）を補償してくれるので、生活費や、借り入れ返済ができますから、従業員は安心して治療に集中できます。
> 　共済事業は、任意加入制なので、未加入者に対しては、この傷病見舞金制度（＝GLTD）があって、安心できるということをPRしています。

日立キャピタル損害保険WEBサイトより抜粋（〜12同）

第八章　GLTDの導入事例

9　化学品メーカー（3,000人）

❶　導入の背景

●補償が足りない長期休職時の備えにGLTDを導入

重病にかかったり、メンタル不調により長期休職に入ったりする従業員が社内で少しずつ増え始めていた。長期休職に対しては、会社からの補償や、社会保障だけでは収入が減少するため、自助努力と合わせて補償できるよう、希望者が加入できるGLTD制度を導入。

❷　プランの特長

●全員加入部分

各従業員の企業制度（有給休暇等）が終了してから、保険金の支払いが始まるプラン。

従業員の任意加入部分の補償が始まるタイミングに合わせて、補償額が一

図表 9　事例9：化学品メーカー（3,000人）

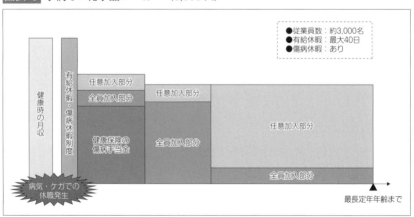

⑨　化学品メーカー（3,000人）

定金額まで引下げとなるプラン（企業補償から自助努力への切替え）。
　●任意加入部分
　全員加入部分の上乗せ補償として、最長定年年齢まで給与の一定割合が継続して補償されるプラン。
　全員加入部分で補償される期間は、補償額を一定金額に抑え、全員加入部分の補償が引下げになるタイミングで、逆に補償額がアップし、最大で給与の約80％まで補償を維持するプラン。
　以下に導入企業の声を紹介する。

●**長期に休職した場合でも、従業員が安心できる福利厚生制度になりました**
　長期に休職した場合に見舞金制度はありますが、その一方で、給与の減少分をカバーできるほどのものではありません。GLTDを導入したことで、この部分を一定カバーできるようになりましたので、福利厚生がさらに充実しました。
●**会社制度と、自助努力制度との連動で万全と呼べる準備ができました**
　会社の制度部分（全員加入部分）は、できる限り手厚く長く確保したいと考えてはいますが、その一方で、福利厚生費も予算が限られています。
　このため、足りない部分は自助努力で確保してもらおうと任意加入制度も導入を決めました。
　ただ、同じような補償を並べても補償が大きくなり過ぎになる部分があり、それは好ましくありません。このため、全員加入部分と合わせて、給与の一定額が補償されるように設計してもらいました。
　これで休職時の対策は、万全ともいえるくらい十分な補償を従業員に提供できました。

第八章　GLTDの導入事例

10 卸売業（1,500人）

❶　導入の背景

●就業規則の見直し、EAP（従業員支援プログラム）の見直し策として
　GLTDを導入

　就業規則を見直すことにしたが、従業員にとっては一部不利益となる改定があるため、従業員にとってメリットのある仕組みを検討することにした。

　また制度の見直しにあたっては、従来導入していたEAP制度と併せて再構築することとなり、従業員にとってメリットがあり、復職支援策にもつながるGLTDの導入を決めた。

❷　プランの特長

●全員加入部分
　有給休暇・傷病休暇終了後から、保険金の支払いが始まるプラン。

図表10　事例10：卸売業（1,500人）

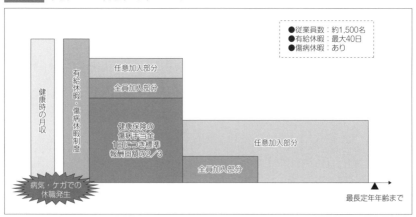

10 卸売業（1,500人）

●任意加入部分
　全員加入部分の補償と合わせて、健康時の給与の60％水準が確保できるように、全員加入部分の補償終了後に、任意加入部分の補償額が増額されるプラン。
　以下に導入企業の声を紹介する。

> ●**従業員に十分利益（メリット）ある仕組みが整いました**
> 　休職時のお給料の減少は、従業員には大きな痛手ですが、その一方で、そのための補償がないのは、案外知られていません。
> 　導入した制度は、このお給料の減少を補償するので、従業員に十分利益（メリット）ある制度を作れたと考えています。
> ●**EAPとも言える復職支援サポートで、会社も休職者も安心**
> 　今回導入した制度には、休職者発生時に会社・休職者を両方サポートしてもらえる「リカバリーサポートプログラム」がついていたり、また、休職者の状況、復職までの状況についても教えてもらえるので、かなり助かっています。
> 　従来EAPサービスを導入していたのですが、予算を削減せざるを得ない状況でもあり、かなり悩んでいたのですが、ここまでのサポートがあるので、従来のサービスを見直ししても問題なく対応できていると改めて実感しています。

第八章　GLTD の導入事例

11　化学品メーカー（1,200 人）

❶　導入の背景

●福利厚生制度の補完策として長期の収入減を補償する GLTD を導入

同社の福利厚生制度は、健康保険や共済制度もあり、比較的手厚い補償制度と考えていたが、制度見直しの際に確認してみると、長期にわたって休職した場合の補償が空白であることがわかった。

長期休職時の補償は従来制度にはなく、制度がさらに充実できると考え、GLTD を導入した。

❷　プランの特長

●全員加入部分

企業の休暇制度（有給休暇等）が終了してから保険金の支払いが始まるプラン。

図表11　事例 11：化学品メーカー（1,200 人）

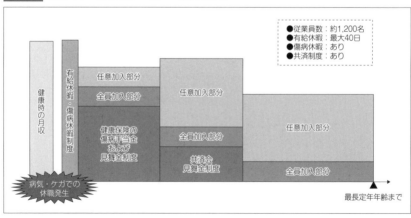

任意加入部分の下支えを兼ねて、最長定年年齢まで一定の補償額が継続するプラン。

●任意加入部分

企業の補償制度（全員加入部分）の補償上乗せプラン。

全員加入部分と合わせて、最大で給与の80％までを確保できるプラン。

以下に導入企業の声を紹介する。

> **●社会保障と企業補償に自助努力の補償で、休職時にも安心感が持てます**
>
> 　休職が長引くと、給与が大幅に減額されるのですが、これに対する補償を用意できていないことが、今回福利厚生制度を見直ししている中でわかりました。
>
> 　いろいろと検討し、社会補償の上乗せとしての企業補償を一定額提供し、そして、さらに自助努力を重ねることで、減額された給与をある程度カバーできるようにしました。これで、もし休職した場合でも従業員の安心感が違うと思っています。
>
> **●個人では準備できない補償制度を提供できたことが従業員にとって一番のメリット**
>
> 　今回導入した制度では、任意加入部分と合わせれば、最大健康時の給与の約80％が、最長定年年齢までの長期に亘って確保できます。これだけの補償があれば、休職者は治療に専念できると思います。
>
> 　この制度は個人で加入することはできません。だから、この制度を提供できたことで、従業員の安心感が生まれると思います。制度導入そのものが従業員にとって一番のメリットだと考えています。

第八章　GLTDの導入事例

12　化学品メーカー（200人）

❶　導入の背景

●従業員が安心できる見舞金制度としてGLTDを導入

就業規則を見直す際、従業員向けの各種手当や見舞金などについても見直すことにした。

見直しにあたっては、従来の企業補償や社会保障では補償がない時に支給できる見舞金を準備することとなり、長期休職時の給与の補償策としてGLTDを導入した。

❷　プランの特長

健康保険からの保障が終了してから、保険金の支払いが始まるプラン。

就業できない状態が継続する限り、最長で定年年齢まで補償が継続するプラン。

図表12　事例12：化学品メーカー（200人）

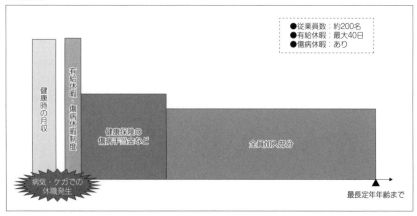

150

⑫ 化学品メーカー（200人）

以下に導入企業の声を紹介する。

> ●**長期休職時の不安解消につながる補償制度ができました**
> 　長期休職をした場合に、給与が減額されることは当然認識していましたが、その一方で、それをカバーする補償制度がないというのは、あまり認識できていませんでした。
> 　長期休職時は不安だと思いますので、今般福利厚生制度の見直しで、この不安を解消することが、従業員にとって一番だと思い、制度の導入を決めました。
>
> ●**長く手厚い補償制度は、人材確保にもつながります**
> 　従業員への補償は、できれば手厚く、また長い期間補償が受けられるのが、当然その分安心できるので、これを一番に考えました。導入した制度では、最長で定年年齢まで補償が受けられますので、もし休職した場合でも、その従業員は安心して治療に専念できると思います。
> 　人材確保は、どの企業も大変だと思いますが、こういう従業員が安心できる制度を用意することは、この観点でも有効だと思っています。

第九章 企業の福利厚生制度としてのGLTD

　本章では、GLTDが企業や従業員にとって、具体的にどのように役立つか、導入企業の声も含め具体的に説明していく。

第九章　企業の福利厚生制度としての GLTD

1 福利厚生制度と GLTD

❶ 保険商品としての福利厚生制度

　企業や団体が従業員の福利厚生を強化したいと検討した場合、一般的には、図表1のような福利厚生制度が候補として挙げられる。

　図表1の①～④が、保険商品で備えられる福利厚生制度である。

　このうち、①の団体福祉定期保険や、②の401k、③の医療やがんの団体加入などは、メジャーな福利厚生制度の保険商品として、募集人や保険代理店の方々にとっては、これまでに取り扱ったことがある人も少なくないのではないかと思う。

　現状では、④のGLTDの普及率はまだまだ低い。

　しかし、今後は、就業不能保障への認知度が高まることにより、GLTD制

図表 1　企業が強化したい福利厚生制度例

	福利厚生制度
①	弔慰金制度の導入（総合福祉団体定期＝生命保険の活用）
②	退職金、年金制度の導入（生命保険、定期保険、養老保険、中退共、401K等の活用）
③	医療保険、がん保険への団体加入
④	GLTD制度の導入（団体長期障害所得補償保険の活用）
⑤	福利厚生代行サービス（スポーツクラブ等）
⑥	健康診断・人間ドックの補助
⑦	財形貯蓄、ストックオプション
⑧	メンタルヘルスサポート（EAPプログラム）
⑨	保養所
⑩	家賃補助
⑪	社員旅行、慰労会、運動会の開催
⑫	託児所の提供
⑬	資格取得の奨励金

1 福利厚生制度と GLTD

度の導入を検討する企業は増えることが予想できる。

　特に、法人顧客を持つ募集人や保険代理店の方々には、新たな市場となることから、この社会性の高い保険商品の取扱いを是非積極的に進めていただきたいと願う。

❷　GLTD の導入効果イメージ

　GLTD制度は従業員向けの福利厚生制度でありながら、さまざまな企業側のメリットを享受できる手段となる（図表 2 参照）。

図表 2　GLTD の導入効果イメージ

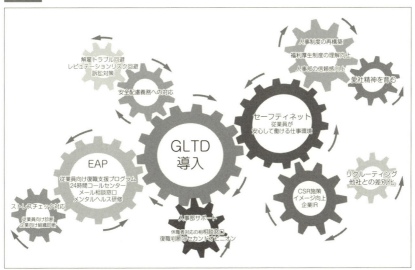

「GLTD（団体長期障害所得補償保険）を活用した新しい福利厚生制度構築のご案内」より

第九章　企業の福利厚生制度としてのGLTD

❸ 今後強化してほしい福利厚生とは

図表３に企業と従業員を対象にした「今後強化してもらいたい福利厚生とは？」とするアンケート結果（明治安田生活福祉研究所『福利厚生施策の新たな方向性』）を掲載するので参照してほしい。

図表 3　今後強化してもらいた福利厚生とは？

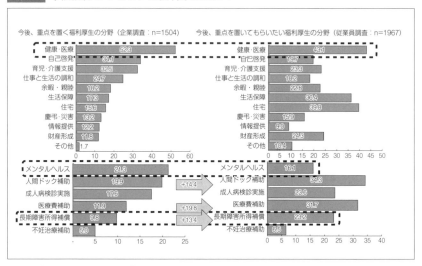

明治安田生活福祉研究所『福利厚生施策の新たな方向性』（明治安田生活福祉研究所、2008）より

2 GLTDの効果と選ばれる理由

GLTDを導入することによって具体的にどのような効果が発生するのか、以下（❶～❹）、具体的に説明していく。

この制度は、従業員のためだけではなく企業にとってもプラス効果が高い制度であることを知っていただきたい。

❶ 保険商品としての効果

就業不能時に（最長で定年年齢までの）給与補償が得られるので、従業員のためのセーフティネットを具体的に実現できることが最大のメリットと言える（図表4参照）。

図表 4 保険商品としてのメリット

	メリット
従業員	ケガや病気で働くことができなくなった場合の所得の確保があることで、不安を減少させ安心して仕事に取り組める環境が得られるメリットや、個人のライフプラン計画や夢の実現にプラスとなる効果がある。 ・ケガや病気で働けなくなった時の所得確保 ・安心して仕事に取り組める ・有意義なライフプランを計画できる
企業	従業員が安心して休める環境を提供できることにより、企業としての福利厚生の充実という強みから、優秀な人材確保につながりやすい。また、一部復職の場合も補償が継続されるため障害を持つ人の継続雇用を可能にする。 ・従業員が安心して仕事を休める環境の提供 ・優秀な人材の確保 ・障害者の継続雇用
その他	【公的給付（傷病手当金等）や、既存の欠勤補償制度を補完する】 たとえば傷病手当金だけでは補償されない「在籍1年未満の退職後補償」などを確保できるほか、役員の労災事故で補償しきれない部分の確保、また、

その他	これまでかかっていた休職者対応コストの減少など、現制度だけでは不足する補償をカバーできる。 ・在籍1年未満の退職後補償のカバー ・役員の労災事故で補償しきれない部分（休業補償）のカバー ・休職者対応コストの一部転嫁が可能

　これらのほか、企業にとっては、具体的に従業員にメリットを提供できる制度であり、きわめて従業員受けのよい福利厚生制度と言われている。

　また、導入検討に伴い、担当部署（人事労務等）を含め従業員から反対意見が出ることが少ないため、スムーズな制度導入が可能である。

❷　派生的な効果（導入企業のメリット）

　GLTDを導入することで、図表5のような派生的効果が得られる。

　GLTDの導入は、従業員とのトラブルの緩和や、法令対応の具体的手段になり、守りの人事施策として有効である。また、従業員に安心感を与え、愛社精神を育む、攻めの人事施策としても有効となる。

図表5　導入企業のメリット

	メリット
企業防衛策の一環	給与補償が継続することにより、円満な退職の一助となるほか、解雇時のトラブル回避、緩和につながり、有効な訴訟対策になる。また、レピュテーションリスク（企業に対する否定的な評価や評判が広まることによって、企業の信用やブランド価値が低下し、損失を被る危険度・評判リスク・風評リスク）の回避、軽減につながる。 ・スムーズな退職勧告・円満退職の一助に ・解雇時のトラブル回避、訴訟対策 ・レピュテーションリスクの回避、軽減

安全配慮義務に関する取組みの手段	労働者が安心して働けるセーフティネットの環境整備が可能となり、労働安全衛生に配慮のある企業として具体的な取組実績となる。 ・安心して働けるセーフティネットの環境整備 ・労働安全衛生について具体的な取組実績を持つ企業へ
企業イメージ向上、CSR施策	人材募集・採用活動に有効なアピールポイントとなり、同業他社との差別化につながる。また、従業員にメリットのある福利厚生となることで、優秀な人材流出の歯止めとなる。また従業員やその家族に対して会社が責任を持つ姿勢を取っていることをアピールできる。 ・人材採用時に有効、魅力あるアピール可能 ・同業他社との差別化 ・優秀な人材流出の歯止めに ・従業員と家族に対する会社の責任をPR
人事労務部署のサポート	GLTD制度の導入を機に、福利厚生制度に対する従業員の理解が高まり、導入部署の信頼向上につながる。また制度導入後は、休職者への対応方法等について保険会社に問合せや確認ができる、セカンドオピニオンを得られることになり、また休職者対応にかかる業務負担の軽減が見込める。 ・福利厚生制度への理解が進み、導入部署の信頼感向上へ ・休職対応のセカンドオピニオンが得られる ・休職者対応の業務負担軽減
労災訴訟リスク軽減への効果	GLTDを導入することにより、労災事故によって就業不能となった場合の生活困窮リスクを抑えることができるため、労災訴訟を提訴されるリスクを軽減することが可能となる。 ●労災訴訟が企業に及ぼす影響 ・高額な損害賠償 ・企業イメージの低下：仕事の減少、人材確保が困難に ・訴訟対応、マスコミ対応等突発的な業務量増加 ●労災訴訟を起こす理由

労災訴訟リスク軽減への効果	・使用者の対応への不満、使用者への恨み ・働くことができず収入が途絶え生活に困窮（特に後遺障害等） ● GLTD による効果 ・退職後も含めて就業不能中の所得を補償 　→生活困窮リスクを減らし、労災訴訟を提訴されるリスクを軽減 ・メンタルヘルス電話相談、メディカルアシスト等の付帯サービス 　→不調者の早期発見・治療勧奨により、労災事故の発生リスクを軽減 　→付帯サービスを従業員に周知徹底し、利用を推奨することで、安全配慮義務対策にもなる。

❸ 無料付帯サービス

GLTD には、さまざまなサービスが無料付帯されている。

これらのアフターサービスも非常に大きなメリットとなるので、その一例を紹介する（実際の付帯サービスは保険会社等により異なる）（図表6・7参照）。

つまり、企業として準備しなければならないサービスが、無料付帯されているため、よりコスト効率の良い、合理的な福利厚生制度設計が可能となる。

図表 6 無料付帯サービスラインナップ（東京海上日動、現サービス例）

サービス例	メリット
「こころ」の健康サポート（メンタルヘルスサポート）	●ストレスチェック 従業員の皆様に WEB 上でストレスチェックいただき、チェック実施後すぐに診断結果を確認できる。トレス診断の結果を集計し、人事労務部門に対して職場や職制等の切り口での分析結果をフィードバック（※チェック結果は、本人以外に開示されることはな

② GLTDの効果と選ばれる理由

	い）。 ●メンタルヘルス電話相談 「気分がすぐれない」、「やる気がしない」等メンタルヘルスに関することから、職場や人間関係に関する悩みまで、心理相談員等に電話で幅広く相談できる。 ●メンタルヘルスパンフレット（パンフレットや冊子の提供） 従業員の皆様のメンタルヘルスに対する意識を高めるために、「こころ」の病の代表である、うつ病に関する情報を小冊子にまとめ提供（※一部有償）。 ●メンタルヘルスケアセミナー 従業員の皆様がメンタルヘルスに関する理解を深め、自らの力でメンタル不調を未然に防ぎ、不調がみられた際にも正しく対処できるよう、従業員の皆様を対象に研修を実施（※1回のみ）。 ●休業・職場復帰支援サポート（訪問アドバイスサービス・電話相談サービス） 従業員の皆様の休業・職場復帰支援に関する社内体制構築の一助となるように、産業看護職が契約者（企業）の担当者に対して休業者への対応方法や職場復帰へのルール整備について、訪問のうえ実状に合わせたアドバイスを受けられる（訪問アドバイスサービス）、電話による相談にも対応する（電話相談サービス）。
「からだ」の健康サポート（メディカルアシスト）	24時間365日対応。一般的な健康に関する相談から、専門医によるがん治療等のアドバイスまで、従業員の皆様の健康を幅広くサポート。
暮らし全般のサポート（デイリーサポート）	法律や税金、社会保険等、生活設計を立てるうえで必要な暮らしに関する無料電話相談サービスをご利用できる。

図表 7 無料付帯サービスラインナップ例（その他）

サービス例	メリット
（厚生労働省）法令対応	GLTD の付帯サービスにより、厚生労働省が定めるストレスチェック義務化の法令に対応することになり、また導入必須なプログラムを無料で利用できる。特に、「労働者の心の健康の保持増進のための指針」（2006 年 3 月）のうち、「事業外資源によるケア」の具体的手段として有効である。そのほか、さまざまな無料セミナーコンテンツが、労働安全衛生対応の研修に活用できる。（図表 8 参照） ・ストレスチェックの義務化に対応 ・「労働者の心の健康の保持増進のための指針」（2006 年 3 月）のうち、「事業外資源によるケア」の具体的手段として有効 ・そのほかの無料セミナーコンテンツが労働安全衛生対応の研修に活用可能（図表 8 参照）。
既存の EAP サービスの代替案としても活用可能	すでに EAP（※）と契約している場合でも、それと遜色ないプログラムが提供でき、また EAP の契約と同水準のコストで GLTD 制度が導入できてしまうケースもある。 ・EAP と同水準のサービスが付帯されている ・EAP 契約と同水準のコストで GLTD 制度を導入

※ EAP（Employee Assistance Program）とは従業員支援プログラムのことで、組織的なメンタルヘルス対策、健康増進やコンプライアンスなど、職場のパフォーマンスを向上させるためのもの

② GLTDの効果と選ばれる理由

図表 8 労働安全衛生法改正で求められるもの

●厚生労働省発表資料（抜粋）

<企業に求められる対応フロー>

① ストレスチェックの実施
↓
② 結果の通知
↓
③ 面接の実施（対申し出者）
↓
④ 就業上の措置

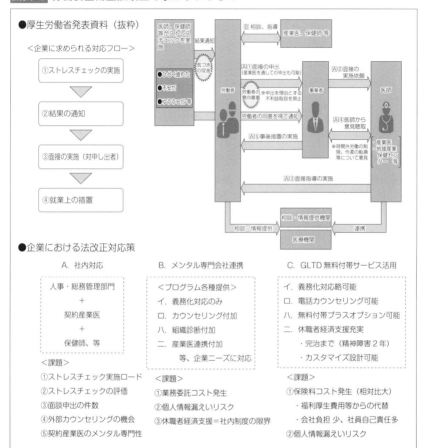

●企業における法改正対応策

A. 社内対応

人事・総務管理部門
＋
契約産業医
＋
保健師、等

<課題>
① ストレスチェック実施ロード
② ストレスチェックの評価
③ 面談申出の件数
④ 外部カウンセリングの機会
⑤ 契約産業医のメンタル専門性

B. メンタル専門会社連携

<プログラム各種提供>
イ．義務化対応のみ
ロ．カウンセリング付加
ハ．組織診断付加
ニ．産業医連携付加
　等、企業ニーズに対応

<課題>
① 業務委託コスト発生
② 個人情報漏えいリスク
③ 休職者経済支援＝社内制度の限界

C. GLTD 無料付帯サービス活用

イ．義務化対応略可能
ロ．電話カウンセリング可能
ハ．無料付帯プラスオプション可能
ニ．休職者経済支援充実
　・完治まで（精神障害2年）
　・カスタマイズ設計可能

<課題>
① 保険料コスト発生（相対比大）
　・福利厚生費用等からの代替
　・会社負担 少、社員自己責任多
② 個人情報漏えいリスク

❹ GLTD制度が企業から選ばれているその他の理由

これまでの❶〜❸以外で、人事担当者からよく聞く、GLTD制度の導入理由・導入背景を紹介すると、次のようなものがある。

① 福利厚生の再構築に伴うもの
- 従業員に対して不利益変更の伴う就業規則の改定があった（マイナス面を補完する緩和策として活用）。
- 成果主義に偏った人事評価制度が引かれている、現場の疲弊感を緩和したい（アメとムチの「アメ」の施策として活用）。
- M&Aにより、内容の異なる人事制度を調整する必要があり、既存制度の廃止後に、GLTD制度で一本化できた。
- 利用者の少ない福利厚生代行サービスからの切替えに役立った（利用者の偏りが課題だったため）。

② 従業員からの推薦
- 他の組合からGLTD制度導入の情報を得て、自社での導入を人事部署へ推薦した。
- 人事部署が業界交流の中で、同業他社がGLTD制度を導入したことを聞き、他社対抗上もあって導入した（採用活動に影響するため）。
- 従業員からの福利厚生アンケートの結果で、とても評価が高かったため導入を検討した。

③ 保険制度（保険契約）の中でのリバランス
- 弔慰金制度からの切替え（そもそも従業員の死亡保障ニーズは低いことが多く、制度の認知も低い。特に最近は、日本人の好みが死亡保障型から生存給付型へ移行している）。
- 既導入の、傷害保険、医療保険、がん保険からの切替え（利用頻度が低

② GLTDの効果と選ばれる理由

い保険の見直し）。
・GLTDはこれまで個人での加入機会がほとんどなく、企業（団体）でしか加入できない制度であったため。
・メンタル疾患補償の特約、アフターフォローサービス、復職支援など、個人型の就業不能保険にはないメリットがあるため。

④　新しく福利厚生制度を導入したい
・全従業員に公平・公正な福利厚生制度を導入したいというニーズに合致していた。
・費用対効果の高い福利厚生制度を探した結果GLTDを導入した。

働きながらがんを治療する時代の補償　　　　　　　Column 7

　医療の進歩により「がん」は治る病気へと変わり、治療方法も通院治療が中心となったことで、働きながらがんを治療することが今や一般的になっている。一方、長期にわたる治療により仕事に支障が出たり収入減となるリスクも伴う。
　「がん対策基本法」が2016年12月に改正され、「がん患者の雇用の継続への配慮」等が「事業主の責務」として明文化されたが、しかしがん患者アンケート（※）によると、「働き方を変えたり休職することで収入が減少する29.7％」、「体調や治療の状況に応じた柔軟な勤務ができない24.9％」のほか、仕事の内容の調整ができない、治療目的の休業が取りにくいといった声も2割を超え、がん患者の働く環境改善は、必ずしもスムーズにいっていない現状がある。
　こうした中、企業・団体向けにGLTD（団体長期障害所得補償保険）を中心に供給している日立キャピタル損害保険では、2017年11月より、がん治療と就業の両立を支援する保険として、企業・団体向けに「がんのみ補償特約付就業継続支援保険」の販売を開始。

一般的ながん保険との違いは、入院日数や通院日数を保険金支払いの基準とするのではなく「仕事に支障がある期間（日数）」に対し「療養保険金」を支払う点である。

　また「就業不能保険」との違いは、がんのみに特化している点と「入院や自宅療養などで仕事ができない期間」だけでなく「復職後の時短勤務や残業制限などがある期間」も支払対象としている点である。

　上記商品は、企業団体の福利厚生や、従業員専用の任意保険として提供されるため、個人への販売は行われていないが、個人向けがん保険商品で、働きながらがん治療に対応する商品としてはライフネット生命の「ライフネットのがん保険 ダブルエール」がある。同商品のコンセプトは「がん罹患後に働きながらがんを治療することをサポートする」というものでがん診断一時金のほか、がん収入サポート給付金を「年1回×5年間」受け取れ、長引く治療や収入減をサポートする。

　本書第一章③❸図表4（9頁）においても、ライフネット生命の就業不能保険（働く人への保険・働く人への保険2）の給付実績の中で、約6割ががんによるものとなっていることからもわかるように、がんによる就業不能や一部復帰なども含め、これをサポートする補償の必要性は高まっていくものと思われる。

　なお、一般的ながん保険においても、診断一時金などまとまった給付金が当面の生活費確保や収入減を支える手立てとなる。

　これからのがん保険は、治療費だけでなく収入減へのサポートが必要な時代になったと言える。

　※東京都福祉保健局「がん患者の就労等に関する実態調査」報告書（平成26年5月）より

付録　資料

1. 「ビジネスパーソンの抱えるストレス」チューリッヒ生命調査
2. 東京都の標準報酬月額と健康保険料・厚生年金保険料一覧（平成29年度）
3. 契約規模別GLTD保険料サンプル

資　料

1　「ビジネスパーソンの抱えるストレス」チューリッヒ生命調査

チューリッヒ生命がビジネスパーソンの抱えるストレスを全国一斉調査
7割以上がストレスを抱え、働く人の5人に1人がストレスを起因とした休職を経験
愚痴を聞いてほしい有名人は、「マツコ・デラックス」「水卜麻美」「真矢ミキ」が上位

現代の日本はストレス社会と言われおり、最近では「パワハラ」、「ブラック企業」、「働き方改革」といった言葉を日常でもよく耳にするようになりました。そこで、チューリッヒ生命は、全国1000人の有職者を対象に、ストレスについての調査を実施しました。調査では現在ビジネスパーソンが抱えているストレスの有無のほか、ストレスの原因や発散方法に関するアンケートも実施。ストレスを抱える原因や、職場・上司に対する本音が明らかになるとともに、早急な対策の必要性を感じる結果となりました。

【調査結果サマリー】
・**ポイント1　ビジネスパーソンの約7割がストレスを抱えている。原因トップは上司との人間関係!?**
ストレスを感じている人は、男性が72.6％に対し女性が75.6％と、男性よりも女性のほうがストレスを感じているという結果となりました。とくに女性40代は80.8％と最も高く、キャリア等で悩み・不満が多くなってくる年代なのかもしれません。
ストレスの主な原因は、上司との人間関係との回答が多数となり、業務過多との声も聞かれました。とくに昨今残業の多さについて話題になっていますが、月の残業が10時間を超えるとストレスが増える傾向にあるようです。
・**ポイント2　2割以上の人がストレスを原因とした休職を経験。数ヶ月休職する人も約1割に。**
ビジネスパーソンの2割以上がストレスを起因とする休職を経験していたことが判明。さらに、数ヶ月以上にわたる長期の休職を経験したことがある人も1割に迫っており、既に健康被害が広がっている実態がわかりました。
・**ポイント3　必要だと思われるストレスでの入院日数は平均22.7日!?実際は平均291.9日にもおよび、想像と現実のギャップが浮き彫りに。**
ストレスを起因とした疾患で入院した場合何日程度の入院が必要になるかをお聞きしたところ、働く皆さんが想像している平均の入院日数は平均22.7日に。実際は、平均で291.9日の治療が必要になるとのデータ（※）もあり、皆さんの想像以上に、ストレスを起因とした入院は長引くという現実とのギャップが明らかになりました。
※出典：厚生労働省「平成26年患者調査（精神及び行動の障害による平均在院日数）」

【調査概要】
1. 調査の方法：株式会社ネオマーケティングが運営するアンケートサイト「アイリサーチ」のシステムを利用したWEBアンケート方式で実施
2. 調査の対象：アイリサーチ登録モニターのうち、全国の20歳〜59歳の有職者を対象に実施
3. 有効回答数：1000人（20代・30代・40代・50代、男女：各125人）
4. 調査実施日：2017年4月28日(金)〜2017年4月29日(土)

① 「ビジネスパーソンの抱えるストレス」チューリッヒ生命調査

Q1. あなたは、勤め先でどの程度ストレスを感じているかお答えください。（単数回答）n=1000

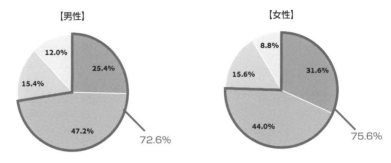

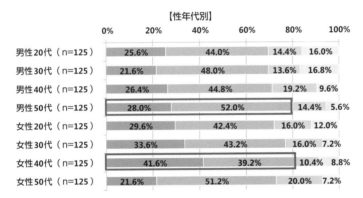

勤め先で、どの程度ストレスを感じているかお聞きしたところ、男性は25.4％、女性では31.6％の方が「非常にストレスを感じている」とお答えになりました。また、「非常にストレスを感じている」、「ややストレスを感じている」を合わせると、男性は72.6％、女性では75.6％と、多くの方が日々ストレスを感じていることがわかるとともに、男性よりも女性のほうがストレスを感じているという結果となりました。さらに性年代別で見ると、男性の50代が80.0％、女性40代が80.8％と最も高く、男性女性それぞれキャリア等で悩み・不満が多くなってくる年代なのかもしれません。

資　料

Q2. あなたの勤め先で、ストレスの原因になっていると感じる物をお答えください。（複数回答）n=896

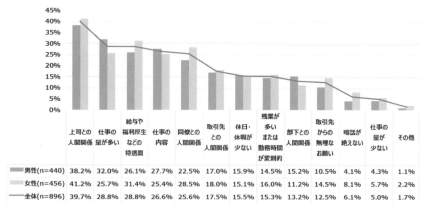

	上司との人間関係	仕事の量が多い	給与や福利厚生などの待遇面	仕事の内容	同僚との人間関係	取引先との人間関係	休日・休暇が少ない	残業が多いまたは勤務時間が変則的	部下との人間関係	取引先からの無理なお願い	噂話が絶えない	仕事の量が少ない	その他
男性(n=440)	38.2%	32.0%	26.1%	27.7%	22.5%	17.0%	15.9%	14.5%	15.2%	10.5%	4.1%	4.3%	1.1%
女性(n=456)	41.2%	25.7%	31.4%	25.4%	28.5%	18.0%	15.1%	16.0%	11.2%	14.5%	8.1%	5.7%	2.2%
全体(n=896)	39.7%	28.8%	28.8%	26.6%	25.6%	17.5%	15.5%	15.3%	13.2%	12.5%	6.1%	5.0%	1.7%

勤め先でストレスの原因になっていると感じる物をお聞きしたところ、1位「上司との人間関係」39.7%、2位「仕事の量が多い」、「給与や福利厚生などの待遇面」28.8%となりました。職場は様々なストレスの要因となることが多くあるようです。

Q3. あなた独自のストレス発散方法をお答えください。（複数回答）n=1000
【TOP5】

	全体		男性		女性	
1位	美味しい物を食べる	43.7%	身体を動かす	37.2%	美味しい物を食べる	55.2%
2位	睡眠・休息をとる	35.7%	美味しい物を食べる	32.2%	睡眠・休息をとる	41.8%
3位	身体を動かす	33.4%	趣味に没頭する	30.0%	身体を動かす	29.6%
4位	趣味に没頭する	29.0%	睡眠・休息をとる	29.6%	趣味に没頭する	28.0%
5位	お酒を飲む	21.9%	お酒を飲む	23.6%	買い物をする	26.6%

独自のストレス発散方法をお聞きしたところ、全体の1位は「美味しい物を食べる」43.7%、2位「睡眠・休息をとる」35.7%、3位「身体を動かす」33.4%という結果となりました。また、男性は「身体を動かす」、女性は「美味しい物を食べる」が1位となりました。身体を動かしたり、美味しい物を食べたり、仕事以外のことに没頭することで、ストレスは発散されるのかもしれません。

1 「ビジネスパーソンの抱えるストレス」チューリッヒ生命調査

Q4. あなたは、どのような職場であれば、毎日楽しみをもって出社できるかお答えください。（複数回答）
n=1000
【TOP5】

	全体		男性		女性	
1位	給料が高い	47.9%	仕事にやりがいがある	42.6%	給料が高い	54.0%
2位	仕事にやりがいがある	46.4%	給料が高い	41.8%	仕事にやりがいがある	50.2%
3位	会社の居心地が良い	42.7%	会社の居心地が良い	36.8%	会社の居心地が良い	48.6%
4位	素敵な仲間がいる	37.1%	自分の裁量で仕事ができる	31.8%	素敵な仲間がいる	42.6%
5位	自分の裁量で仕事ができる	32.1%	素敵な仲間がいる	31.6%	仕事が好き	35.6%

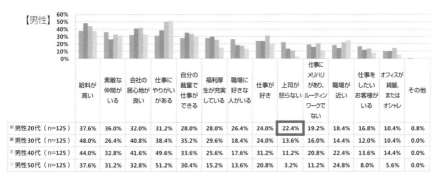

【男性】

	給料が高い	素敵な仲間がいる	会社の居心地が良い	仕事にやりがいがある	自分の裁量で仕事ができる	福利厚生が充実している	職場に好きな人がいる	仕事が好き	上司が怒らない	仕事にメリハリがあり、ルーティンワークでない	職場が近い	仕事をしたいお客様がいる	オフィスが綺麗、またはオシャレ	その他
男性20代（n=125）	37.6%	36.0%	32.0%	31.2%	28.0%	28.0%	26.4%	24.0%	22.4%	19.2%	18.4%	16.8%	10.4%	0.8%
男性30代（n=125）	48.0%	26.4%	40.8%	38.4%	35.2%	29.6%	18.4%	24.0%	13.6%	16.0%	14.4%	12.0%	10.4%	0.0%
男性40代（n=125）	44.0%	32.8%	41.6%	49.6%	33.6%	25.6%	17.6%	31.2%	11.2%	20.8%	22.4%	13.6%	14.4%	1.6%
男性50代（n=125）	37.6%	31.2%	32.8%	51.2%	30.4%	15.2%	13.6%	20.8%	3.2%	11.2%	24.8%	8.0%	5.6%	0.0%

【女性】

	給料が高い	仕事にやりがいがある	会社の居心地が良い	素敵な仲間がいる	仕事が好き	福利厚生が充実している	自分の裁量で仕事ができる	オフィスが綺麗、またはオシャレ	職場が近い	仕事にメリハリがあり、ルーティンワークでない	職場に好きな人がいる	上司が怒らない	仕事をしたいお客様がいる	その他
女性20代（n=125）	55.2%	48.0%	47.2%	44.0%	37.6%	36.8%	31.2%	26.4%	20.8%	20.0%	18.4%	18.4%	13.6%	0.8%
女性30代（n=125）	54.4%	42.4%	49.6%	39.2%	28.8%	41.6%	32.0%	23.2%	31.2%	19.2%	24.8%	14.4%	16.8%	0.0%
女性40代（n=125）	53.6%	48.0%	47.2%	46.4%	40.0%	33.6%	34.4%	18.4%	20.0%	15.2%	12.0%	13.6%	13.6%	0.8%
女性50代（n=125）	52.8%	62.4%	50.4%	40.8%	36.0%	26.4%	32.0%	17.6%	25.6%	15.2%	11.2%	3.2%	13.6%	0.8%

どのような職場であれば、毎日楽しみをもって出社できるかお聞きしたところ、全体の1位は「給料が高い」47.9%、2位「仕事にやりがいがある」46.4%、3位「会社の居心地が良い」42.7%という結果となりました。この結果から、働く皆さんは、現状求める金額より給料が低く、仕事にやりがいを感じていない方が多いのかもしれません。また、性年代別でみると、20代男性は22.4%が「上司が怒らない」と回答しています。20代女性は「オフィスが綺麗、またはオシャレ」を26.4%が選択するなど、性別や年代によって、職場における毎日の楽しみは違うことがわかりました。

資　料

Q5. あなたが、仕事でのストレスについて話を聞いて欲しいと思う男性有名人・女性有名人をそれぞれお答えください。(単数回答) n=1000

【TOP3】

	男性有名人				女性有名人			
	男性		女性		男性		女性	
1位	マツコ・デラックス	16.0%	マツコ・デラックス	33.8%	水卜麻美	16.0%	真矢ミキ	15.8%
2位	池上彰	13.8%	タモリ	8.4%	加藤綾子	10.6%	水卜麻美	15.6%
3位	タモリ	13.6%	明石家さんま 中居正広	8.2%	夏目三久 真矢ミキ	9.2%	大久保佳代子	12.4%

仕事のストレスの話を聞いてほしいと思う有名人についてお聞きしました。男性が選ぶ男性有名人は、1位「マツコ・デラックス」さん16.0%、次いで「池上彰」さん、「タモリ」さんという結果となりました。また女性が選ぶ男性有名人は1位「マツコデラックス」さん33.8%、次いで「タモリ」さん、「明石家さんま」さん、「中居正広」さんという結果となり、男女ともに「マツコデラックス」さんが1位となりました。テレビで見かける毒舌口調と思ったことをズバッという気持ち良さから、自分のストレスに対しても話を聞いてほしいと思うのかもしれません。また、男性が選ぶ女性有名人では、1位「水卜麻美」さん16.0%、次いで「加藤綾子」さん、「夏目三久」さん、「真矢ミキ」さんという結果となりました。また女性が選ぶ女性有名人は1位「真矢ミキ」さん15.8%、次いで「水卜麻美」さん、「大久保佳代子」さんという結果となり、いずれも親しみやすいキャラクターの方やテレビで司会をしている方が多くランクインしました。

Q6. あなたは、これまでにストレスが原因で仕事をお休みしたことがありますか。(単数回答) n=1000

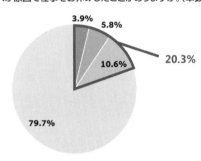

■ 1年以上休職したことがある　■ 数ヶ月（1年内）休職したことがある　■ 数日休んだことがある　■ ない

これまで、ストレスが原因で仕事をお休みしたことがあるかお聞きしたところ、20.3%の人が「休職したことがある」とお答えになり、約5人に1人はストレスが原因で休職した経験があることがわかりました。また、「数ヶ月以上休んだことがある」人も9.7%いることがわかりました。

1 「ビジネスパーソンの抱えるストレス」チューリッヒ生命調査

Q7. あなたは、これまでに会社をズル休みしたことがありますか。（単数回答）n=1000

	ある	ない
全体（n=1000）	19.6%	80.4%
男性20代（n=125）	8.8%	91.2%
男性30代（n=125）	12.0%	88.0%
男性40代（n=125）	21.6%	78.4%
男性50代（n=125）	24.8%	75.2%
女性20代（n=125）	16.8%	83.2%
女性30代（n=125）	23.2%	76.8%
女性40代（n=125）	30.4%	69.6%
女性50代（n=125）	19.2%	80.8%

これまでにズル休みをしたことがあるかとお聞きしたところ、全体では19.6%の方が「ある」と回答しました。性年代別でみると、女性40代が最も多く30.4%が「ある」と回答しています。全体と比較し、10.8ポイント高い結果となりました。Q1.の、どの程度ストレスを感じているかという質問でも、女性の40代は80.8%と多く回答しています。女性40代は、ストレスから体調を崩し休みたいと思ってしまったのでしょうか。

Q8. あなたが、ズル休みをした時に使った理由をお答えください。（自由回答）n=196
【TOP3】

	ズル休みをした時に使った理由	
1位	自身の体調不良（風邪・頭痛等）	154票
2位	家族・親類の不幸・法事等	14票
3位	家族の体調不良（介護・病院の付き添い等）	9票

前問で、「ある」と回答した196人に対し、ズル休みの理由をお聞きしました。その結果、「自身の体調不良（風邪・頭痛等）」が154票で圧倒的に多い結果となっています。次いで、「家族・親類の不幸・法事等」14票、「家族の体調不良（介護・病院の付き添い等）」9票となりました。

資　　料

Q9. あなたが、ストレスを起因とした病気等で入院することになった場合、およそ何日程度の入院が必要になると思いますか。(数値回答)n=1000

平均値	22.7日
中央値	7日

ストレスを起因とした病気等で入院することになった場合、およそ何日程度の入院が必要になると思うか、お聞きしたところ、平均値は22.7日、中央値は7日という結果となりました。ストレスが原因となる病気は、統合失調症、摂食障害、胃潰瘍など様々な疾病があり、厚生労働省の調査によると、実際に精神及び行動障害になると退院するまでに平均291.9日の入院が必要となったというデータもあります。

中央値：代表値の一つで、有限個のデータを小さい順に並べた時中央に位置する値。
※出典：厚生労働省「平成26年患者調査（精神及び行動の障害による平均在院日数）」

Q10. あなたが、働けなくなった時のために金銭的に備えていることについてお答えください。(複数回答) n=1000

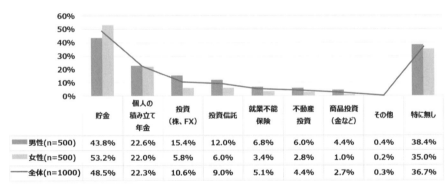

	貯金	個人の積み立て年金	投資（株、FX）	投資信託	就業不能保険	不動産投資	商品投資（金など）	その他	特に無し
男性(n=500)	43.8%	22.6%	15.4%	12.0%	6.8%	6.0%	4.4%	0.4%	38.4%
女性(n=500)	53.2%	22.0%	5.8%	6.0%	3.4%	2.8%	1.0%	0.2%	35.0%
全体(n=1000)	48.5%	22.3%	10.6%	9.0%	5.1%	4.4%	2.7%	0.3%	36.7%

女性のほうが働けなくなった時のために「貯金」をしている人が多く、女性に比べ男性のほうが「投資」や「投資信託」をしている人が多いことがわかりました。一方「特に無し」と回答した人は36.7%と、3人に1人は備えていることがないことがわかりました。

① 「ビジネスパーソンの抱えるストレス」チューリッヒ生命調査

Q11.　あなたは、「就業不能保険」を知っていますか。（単数回答）n=1000

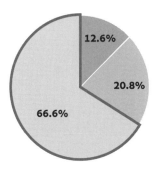

■ 聞いたことがあり、内容も知っている　　■ 聞いたことはあるが、内容は知らない　　■ 聞いたことがない

では、就業不能保険を知っているかお聞きしたところ、66.6%の人が「聞いたことがない」とお答えになりました。また、「聞いたことはあるが、内容は知らない」人を合わせると、87.4%の方が就業不能保険について「知らない」ことがわかります。

Q9で、ストレスを起因とした病気で入院することになった場合の皆さんが必要だと思っていた入院日数と、実際必要となってくる入院日数にギャップがあることがわかりましたが、このギャップが、思いがけない出費に繋がってくる恐れがあります。そこで、長期の入院に備え、働けない期間の給料をカバーできるくらいの貯蓄をしていると安心です。

資　料

2　東京都の標準報酬月額と健康保険料・厚生年金保険料一覧（平成29年度）

・健康保険料率：平成29年3月分〜　適用
・厚生年金保険料率：平成29年9月分〜　適用
・介護保険料率：平成29年3月分〜　適用
・子ども・子育て拠出金率：平成29年4月分〜　適用

標準報酬		報酬月額			全国健康保険協会管掌健康保険料				厚生年金保険料（厚生年金基金加入員を除く）	
					介護保険第2号被保険者に該当しない場合		介護保険第2号被保険者に該当する場合		一般、坑内員・船員	
等級	月額				9.91%		11.56%		18.300%※	
					全額	折半額	全額	折半額	全額	折半額
		円以上		円未満						
1	58,000		〜	63,000	5,747.80	2,873.90	6,704.80	3,352.40		
2	68,000	63,000	〜	73,000	6,738.80	3,369.40	7,860.80	3,930.40		
3	78,000	73,000	〜	83,000	7,729.80	3,864.90	9,016.80	4,508.40		
4（1）	88,000	83,000	〜	93,000	8,720.80	4,360.40	10,172.80	5,086.40	16,104.00	8,052.00
5（2）	98,000	93,000	〜	101,000	9,711.80	4,855.90	11,328.80	5,664.40	17,934.00	8,967.00
6（3）	104,000	101,000	〜	107,000	10,306.40	5,153.20	12,022.40	6,011.20	19,032.00	9,516.00
7（4）	110,000	107,000	〜	114,000	10,901.00	5,450.50	12,716.00	6,358.00	20,130.00	10,065.00
8（5）	118,000	114,000	〜	122,000	11,693.80	5,846.90	13,640.80	6,820.40	21,594.00	10,797.00
9（6）	126,000	122,000	〜	130,000	12,486.60	6,243.30	14,565.60	7,282.80	23,058.00	11,529.00
10（7）	134,000	130,000	〜	138,000	13,279.40	6,639.70	15,490.40	7,745.20	24,522.00	12,261.00
11（8）	142,000	138,000	〜	146,000	14,072.20	7,036.10	16,415.20	8,207.60	25,986.00	12,993.00
12（9）	150,000	146,000	〜	155,000	14,865.00	7,432.50	17,340.00	8,670.00	27,450.00	13,725.00
13（10）	160,000	155,000	〜	165,000	15,856.00	7,928.00	18,496.00	9,248.00	29,280.00	14,640.00
14（11）	170,000	165,000	〜	175,000	16,847.00	8,423.50	19,652.00	9,826.00	31,110.00	15,555.00
15（12）	180,000	175,000	〜	185,000	17,838.00	8,919.00	20,808.00	10,404.00	32,940.00	16,470.00
16（13）	190,000	185,000	〜	195,000	18,829.00	9,414.50	21,964.00	10,982.00	34,770.00	17,385.00
17（14）	200,000	195,000	〜	210,000	19,820.00	9,910.00	23,120.00	11,560.00	36,600.00	18,300.00
18（15）	220,000	210,000	〜	230,000	21,802.00	10,901.00	25,432.00	12,716.00	40,260.00	20,130.00
19（16）	240,000	230,000	〜	250,000	23,784.00	11,892.00	27,744.00	13,872.00	43,920.00	21,960.00
20（17）	260,000	250,000	〜	270,000	25,766.00	12,883.00	30,056.00	15,028.00	47,580.00	23,790.00
21（18）	280,000	270,000	〜	290,000	27,748.00	13,874.00	32,368.00	16,184.00	51,240.00	25,620.00
22（19）	300,000	290,000	〜	310,000	29,730.00	14,865.00	34,680.00	17,340.00	54,900.00	27,450.00
23（20）	320,000	310,000	〜	330,000	31,712.00	15,856.00	36,992.00	18,496.00	58,560.00	29,280.00
24（21）	340,000	330,000	〜	350,000	33,694.00	16,847.00	39,304.00	19,652.00	62,220.00	31,110.00
25（22）	360,000	350,000	〜	370,000	35,676.00	17,838.00	41,616.00	20,808.00	65,880.00	32,940.00
26（23）	380,000	370,000	〜	395,000	37,658.00	18,829.00	43,928.00	21,964.00	69,540.00	34,770.00

2 東京都の標準報酬月額と健康保険料・厚生年金保険料一覧（平成29年度）

等級	標準報酬月額	報酬月額			健康保険料 全額	折半額	介護保険料込 全額	折半額	厚生年金保険料 全額	折半額
27 (24)	410,000	395,000	~	425,000	40,631.00	20,315.50	47,396.00	23,698.00	75,030.00	37,515.00
28 (25)	440,000	425,000	~	455,000	43,604.00	21,802.00	50,864.00	25,432.00	80,520.00	40,260.00
29 (26)	470,000	455,000	~	485,000	46,577.00	23,288.50	54,332.00	27,166.00	86,010.00	43,005.00
30 (27)	500,000	485,000	~	515,000	49,550.00	24,775.00	57,800.00	28,900.00	91,500.00	45,750.00
31 (28)	530,000	515,000	~	545,000	52,523.00	26,261.50	61,268.00	30,634.00	96,990.00	48,495.00
32 (29)	560,000	545,000	~	575,000	55,496.00	27,748.00	64,736.00	32,368.00	102,480.00	51,240.00
33 (30)	590,000	575,000	~	605,000	58,469.00	29,234.50	68,204.00	34,102.00	107,970.00	53,985.00
34 (31)	620,000	605,000	~	635,000	61,442.00	30,721.00	71,672.00	35,836.00	113,460.00	56,730.00
35	650,000	635,000	~	665,000	64,415.00	32,207.50	75,140.00	37,570.00		
36	680,000	665,000	~	695,000	67,388.00	33,694.00	78,608.00	39,304.00		
37	710,000	695,000	~	730,000	70,361.00	35,180.50	82,076.00	41,038.00		
38	750,000	730,000	~	770,000	74,325.00	37,162.50	86,700.00	43,350.00		
39	790,000	770,000	~	810,000	78,289.00	39,144.50	91,324.00	45,662.00		
40	830,000	810,000	~	855,000	82,253.00	41,126.50	95,948.00	47,974.00		
41	880,000	855,000	~	905,000	87,208.00	43,604.00	101,728.00	50,864.00		
42	930,000	905,000	~	955,000	92,163.00	46,081.50	107,508.00	53,754.00		
43	980,000	955,000	~	1,005,000	97,118.00	48,559.00	113,288.00	56,644.00		
44	1,030,000	1,005,000	~	1,055,000	102,073.00	51,036.50	119,068.00	59,534.00		
45	1,090,000	1,055,000	~	1,115,000	108,019.00	54,009.50	126,004.00	63,002.00		
46	1,150,000	1,115,000	~	1,175,000	113,965.00	56,982.50	132,940.00	66,470.00		
47	1,210,000	1,175,000	~	1,235,000	119,911.00	59,955.50	139,876.00	69,938.00		
48	1,270,000	1,235,000	~	1,295,000	125,857.00	62,928.50	146,812.00	73,406.00		
49	1,330,000	1,295,000	~	1,355,000	131,803.00	65,901.50	153,748.00	76,874.00		
50	1,390,000	1,355,000			137,749.00	68,874.50	160,684.00	80,342.00		

※厚生年金基金に加入している方の厚生年金保険料率は、基金ごとに定められている免除保険料率（2.4%～5.0%）を控除した率となります。加入する基金ごとに異なりますので、免除保険料率および厚生年金基金の掛金については、加入する厚生年金基金にお問い合わせください。

◆介護保険第2号被保険者は、40歳から64歳までの方であり、健康保険料率（9.91%）に介護保険料率（1.65%）が加わります。
◆等級欄の（ ）内の数字は、厚生年金保険の標準報酬月額等級です。
 4（1）等級の「報酬月額」欄は、厚生年金保険の場合「93,000円未満」と読み替えてください。
 34（31）等級の「報酬月額」欄は、厚生年金保険の場合「605,000円以上」と読み替えてください。
◆平成29年度における全国健康保険協会の任意継続被保険者について、標準報酬月額の上限は、280,000円です。

資　料

○被保険者負担分（表の折半額の欄）に円未満の端数がある場合
　①事業主が、給与から被保険者負担分を控除する場合、被保険者負担分の端数が 50 銭以下の場合は切り捨て、50 銭を超える場合は切り上げて 1 円となります。
　②被保険者が、被保険者負担分を事業主へ現金で支払う場合、被保険者負担分の端数が 50 銭未満の場合は切り捨て、50 銭以上の場合は切り上げて 1 円となります。
　（注）①、②にかかわらず、事業主と被保険者間で特約がある場合には、特約に基づき端数処理をすることができます。
○納入告知書の保険料額
　納入告知書の保険料額は、被保険者個々の保険料額を合算した金額になります。ただし、合算した金額に円未満の端数がある場合は、その端数を切り捨てた額となります。
○賞与にかかる保険料額
　賞与に係る保険料額は、賞与額から 1,000 円未満の端数を切り捨てた額（標準賞与額）に、保険料率を乗じた額となります。
　また、標準賞与額の上限は、健康保険は年間 573 万円（毎年 4 月 1 日から翌年 3 月 31 日までの累計額。）となり、厚生年金保険と子ども・子育て拠出金の場合は
　月間 150 万円となります。
○子ども・子育て拠出金
　事業主の方は、児童手当の支給に要する費用等の一部として、子ども・子育て拠出金を負担いただくことになります。（被保険者の負担はありません。）
　この子ども・子育て拠出金の額は、被保険者個々の厚生年金保険の標準報酬月額および標準賞与額に、拠出金率（0.23％）を乗じて得た額の総額となります。

3 契約規模別 GLTD保険料サンプル

【試算条件】

商品名	GLTD
保険期間	1年
てん補期間（対象期間）	60歳
免責期間（支払対象外期間）	90日
補償型	定率型
約定給付率	60%
加入者上限年齢	59歳
公的給付控除	あり
就業障害	C定義
保険料算出方式	暫定保険料・確定精算方式
特約	精神障害補償（2年間）、天災危険補償、妊娠に伴う身体障害補償

【GLTD 保険料】

契約規模 （被保険者数）	50人	100人	500人	1,000人
基礎所得月額の総額（円）	14,363,681	28,822,776	143,625,849	287,102,724
団体割引率（%）	5.00	10.00	15.00	20.00
契約保険料（月間）（円）	87,240	168,150	788,210	1,303,550
契約保険料（年間）（円）	1,046,880	2,017,800	9,458,520	15,642,600
1人当たり月間平均保険料	1,745円／人	1,682円／人	1,576円／人	1,304円／人

厚生労働省「健康保険被保険者実態調査」（2006年10月）より、標準報酬月額別・被保険者の年齢階級別・性別、被保険者数および平均標準報酬月額のデータを基に算出

http://www.mhlw.go.jp/stf/seisakunitsuite/bunya/iryouhoken/database/seido/kenpo_zyoukyou.html

参考資料

■ライフネット生命

「就業不能保険保有契約件数」(2017年10月時点)

http://file.swcms.net/file/lifenet-seimei/ja/news/index/auto_20171108411904/pdfFile.pdf

「就業不能給付金のお支払い対象」

http://www.lifenet-seimei.co.jp/faq/detail/2168.html

■チューリッヒ生命

「ビジネスパーソンの抱えるストレスを全国一斉調査」(2017年5月25日)

■厚生労働省

「過労死等の労災補償状況」(平成28年度)

http://www.mhlw.go.jp/stf/houdou/0000168672.html

■日立キャピタル損害保険

「GLTD保険金給付実績分布」(2017年3月末)

「日立キャピタル損保社契約プラン分布について」(2017年)

「GLTD制度導入事例集」

http://www.hitachi-ins.co.jp/gltd/case/index.html

■東京海上日動

「企業人事戦略として活用されるGLTDのご提案」

「GLTD制度導入事例集」

■ファーストプレイス

「GLTD(団体長期障害所得補償保険)を活用した新しい福利厚生制度構築のご案内」

おわりに

　GLTDを取扱うようになって今年で17年になる。私がGLTDを始めとする就業不能保険（長期障害所得補償保険）に強い興味を持ったのは、自分自身が社会人になって初めて保険と向き合った時に「最も欲しいと思った保険」だったからだ。

　社会人1年目の春、会社に出入りする生保のセールスから、当たり前のように死亡保険を勧められた。その頃の私は、万一のことがあっても死亡保険金を必要とする人はいなかったため、本当に死亡保障は不要に思い「死亡保障はいらないのだけど、寝たきりの時の保険はないですか？そういう時って、誰かしらに迷惑が掛かりそうなので……」と質問をしていた。

　まさに「働けない時の保険ってないの？」という問いを立てていた。初めて保険と向き合ったその日に、私は就業不能保険を求めていたのだ。当時のセールスの方の回答は「そういう保険は、ないです」だった。

　その後、「働けない時の保険」に出会ったのは、仲間と独立系のFP事務所を開業した2001年のこと。某生命保険会社からの紹介で、ドクターの新規マーケティングに使えるとの触れ込みで、ユナム・ジャパン傷害保険（現日立キャピタル損害保険）を紹介された。

　短期の所得補償保険は、個人事業主向けに一定の普及をしているものの、長期の所得補償保険は、ほとんど普及していないという、というか、ほとんど供給すらされていないという話だった。

　「これだ！」と20数年前の記憶が呼び覚まされた。まさに自分が欲しいと思っていた保険である。ユナム・ジャパン傷害保険（以下、ユナム社）の保険は、ドクター向けだけではなく個人向けや法人向けにも販売されていることを知り、開業間もない私たちは、独立時の最大のリスクは資本である自分たちの身体と考え、真っ先に自社で法人向けの「GLTD」の契約をした。

　また、個人向けの長期に補償する就業不能保険がまったく浸透していない

ことや、取扱保険会社がほかに存在しないことに魅力を感じ、積極的に販売に取り組んでみることにした。

私的な感想ではあるが、アフラックが日本に進出した際、日本でほとんど認知のなかった「がん保険」について法人会への情報提供等の営業努力を通じて「ニーズを叩き起こした」という印象がある。そこにユナム社のLTD分野の商品に可能性を重ねてチャレンジしてみようと思った。

当時としては珍しく、個人向けのLTDであったPLTD（現リビングエール）は、通販対応の商品であったためWEBマーケティングでの販売を行った。スキマ商品だったこともあり、販売開始の初月から結構な反応がある。やはりニーズのある商品と再認識をし、個人向けの通販と並行して、法人向けには直接販売の営業を行った。これがまた面白い展開になる。

通常、法人向けの保険は、総務や経理部署が折衝窓口になることが多いのだが、GLTDに関しては、圧倒的に人事部が折衝窓口になることが多い。「GLTD導入」は「保険の購入」ではなく「新たな人事制度、ないし福利厚生制度の導入」という位置付けで検討されているためだ。

GLTDの情報提供は、保険の営業というよりは人事向けの制度導入のコンサルティングをしていくという形なる。ここで私はGLTDの守備範囲の広さを知ることになり、その普及に社会貢献のような意義を感じるようになるのだが……。このあたりが、GLTDがなかなか普及しない背景の1つかと思う。保険の概要を説明するだけでは、そう簡単に契約に至らないのだ。また、制度導入がゆえに契約までの時間がかかることも多い。

良くも悪くも保険業界は近視眼な営業スタイルに思われ、時間のかかる営業がなかなか続かない（続けさせてもらえない）。現場の代理店も、メーカーのソリシターも、ニーズ喚起からクロージングまでの時間を許容できないことが多いように感じる。よって、顕在ニーズ化されてない商品のマーケティングは、なおのこと難しいことになる。

その点では、今はチャンスである。就業不能保険のCMが連日流されて、働けない時のリスクの認知はこれまでになく高まっている。個人向けの就業

不能型の商品が普及することは、今まで知らされてなかった新しい保険の存在を知る機会になり、大変喜ばしいことである。

就業不能は、働くこと（収入を得ること）と直結した課題である。働くことができなくなってしまっては、収入が途絶えてしまう。そのセーフティネットが就業不能保険やGLTDということになる。セーフティネットの準備にあたり、個人事業主の場合は個人でケアする必要があるが、会社組織で働く人の場合は、企業が従業員に応えていくべき環境づくりの1つではないだろうか。

以前は企業が従業員の福利厚生を考える際には、まず弔慰金の規程（死亡保障）を導入することが一般的であったように、今はGLTDの制度導入が最初に検討されるべき第一候補で、ごくごくスタンダードな人事制度（福利厚生制度）と言ってよい時期に来たと思う。

健保の傷病手当金をもって、就業不能時の補償を担保しているという企業も少なくない。

しかし、それでは補償が足りないというマーケットニーズがあるから新しい保険が生まれている。働く人の補償ニーズが変化しているのである。

家族の大黒柱が、家庭の生活設計のすべてを担う時代でもなくなってきている。死亡時より、むしろ就業不能時の生活設計を維持するほうが、対策が難しい課題である。会社で働く人が求めるセーフティネットは、明らかに死亡保障型から生存給付型に推移している。まさに企業が従業員のために福利厚生で応えていくべきニーズだと感じる。

また、本書の執筆は、あらためて生保分野の就業不能保険や損保分野の長期所得補償保険を振り返る良い機会となった。

個人向けの就業不能保険は、ここまで違うかと思うほど各社の補償内容や定義が異なる現状で、就業不能保険を長く取り扱ってきた立場から見ても、もう少しシンプルにならないものかなというのが、執筆を終えての感想である。各社とも特長を出すために補償内容に変化を付けているのかと思うが、ここまで複雑にすると買い手にはわかりにくく、この保険分野に興味を持っ

た個人ユーザーが各社の商品のすべてを理解して比較検討するのは、非常に困難だと思う。同じ保障（補償）の保険としては一括りにはできないのが印象だ。この分野は、まだ草創期の商材であり、今後も給付実績等をふまえながら商品の改定や新商品の開発が行われ、適宜その内容は変化・進化していくものと期待している。

　一方、GLTD は、損保業界においては「新種」の１つに括られる保険ではあるが、ユナム社（現日立キャピタル損害保険）が、1994 年に日本に持ち込んで以来、すでに 20 数年が経過しており、こちらはもはや新種なのかという時期を迎えている。

　まだまだ、企業単位での GLTD 制度導入に至らない会社が多数で、個人向けの就業不能（所得補償）保険の役割は大きい。しかし、GLTD 制度と同等の補償内容や保険料を個人向けに商品化することは難しく、企業による GLTD の導入があらためて望まれる。

　GLTD は就業不能時の最低限の生活を担保することが目的でない。健康時の所得水準を維持しつつ、復職を目的とした保険である。健康経営を掲げる企業には欠かせない制度に思う。企業の GLTD 制度導入なしに個人での GLTD の加入機会はなく、引き続き同制度の普及に努めていきたい。

2018 年 3 月

田伏　秀輝

著者紹介

田伏　秀輝（たぶせ　ひでき）
株式会社ファーストプレイス取締役
　1970年　東京生まれ
　1993年　日本大学商学部経営学科卒業
　1993年　国内証券会社勤務
　2000年　外資系証券会社勤務
　2001年　独立系FPオフィス「株式会社ファーストプレイス」開業
　2002年　GLTD制度導入コンサルティング業務開始

　［主な活動］
　　2001年、4人のメンバーと共に創業したファーストプレイスは、創業時に掲げたミッション「企業が売りたい商品を売るのではなく、お客様が必要とする商品を選定する」を実践し続け、今年で17期目を迎える。
　　2002年より、GLTD制度導入のコンサルティング、導入後の運用サポート業務を始め、顧客からは、「幅広い情報提供と迅速丁寧な対応」に多くの感謝の声をいただき、高水準の契約継続率を維持。
　　また、人事部・管理部向けに、法人保険のプロモーション事業を展開しており、ユーザビリティを常に追及したサイトを構築することで全国のお客様より数多くの引合いをいただいている。

森田　直子（もりた　なおこ）
保険ジャーナリスト、有限会社エヌワンエージェンシー代表取締役
1965 年　秋田県生まれ
1986 年　共立女子短期大学卒業
1991 年　大手生保会社営業職員として勤務
1999 年　保険ジャーナリスト業および保険代理店として独立
2000 年　「有限会社エヌワンエージェンシー」設立、代表取締役就任
　　　　　代理店向けメールマガジン「inswatch」発刊、取締役共同編集人就任
2018 年　「有限会社インスウオッチ」代表取締役就任

[主な活動]
　保険・金融分野専門の執筆家、保険業界向けメールマガジン「inswatch」発行人。
　大手生保営業職員・保険代理店での営業経験を持ち現場知識に強く、庶民感覚を重視したわかりやすい文体に定評がある。
　保険業界誌、経済誌各誌の記事執筆のほか、保険会社 WEB サイト、大手保険代理店 WEB サイト、保険会社のご契約のしおり等、募集文書含め多数の執筆を手掛けている。

[主な著書]
　『生保営業のたまごとひよこ―成長するためのヒント―』（保険毎日新聞社、2011 年）
　『あなたの保険は大丈夫？』（共著、ダイヤモンド社、2012 年）
　『小さな会社のための「お金の参考書」』（執筆・監修協力、幻冬舎、2013 年）
　『3 日でわかる保険業界〔2018 年度版〕（日経就職シリーズ）』（執筆・監修協力、2016 年）

就業不能リスクとGLTD（団体長期障害所得補償保険）
――労働力不足時代の福利厚生プラン

著　者	田　伏　秀　輝
	森　田　直　子
発　行　日	2018年4月24日
発　行　所	株式会社保険毎日新聞社
	〒101-0032　東京都千代田区岩本町1-4-7
	TEL 03-3865-1401／FAX 03-3865-1431
	URL http://www.homai.co.jp/
発　行　人	真　鍋　幸　充
カバーデザイン	塚　原　善　亮
印刷・製本	モリモト印刷株式会社

©2018　Hideki tabuse,　　Printed in Japan
Naoko morita
ISBN978-4-89293-293-9

本書の内容を無断で転記、転載することを禁じます。
乱丁・落丁本はお取り替えいたします。